京都

岩波新書精选03

［日］林屋辰三郎 著
李濯凡 译

新星出版社 NEW STAR PRESS

新经典文化股份有限公司
www.readinglife.com
出　品

致中国读者

隋唐时代以来，日本在约两千多年的时间里一直努力学习中国的学术、艺术、技术和文化。日本今日之发展，即仰仗中国伟大先哲长期以来的言传身教——这样说并不为过。中国，有学恩于日本。如今，借由新经典文化的翻译和出版，岩波新书来到中国读者面前，我想，这也算是对中国学恩的一点点谢意吧。

岩波新书与中国结缘已久。岩波新书创刊于1938年。前一年，日本加剧对中国的侵略，岩波书店创始人岩波茂雄对独断专行、破坏中日友好的军部感到强烈不满，遂决心创刊岩波新书。要想抵抗日益猖獗的军国主义思潮，首先必须要做的，就是实事求是地了解中国。岩波茂雄秉持着这种信念，最终选择了《奉天三十年》作为创刊的首部作品。

《奉天三十年》是19世纪末至20世纪初，在当时的沈阳努力推行医疗普及的爱尔兰教会医师克里斯蒂的回忆录。这本著作除了向读者展示了当时满洲发生的事情和民众的生活外，还是一本即便以今天的标准来看也颇有学术价值的著作。作为东亚的朋友，对中国人民怀有深切感情的岩波茂雄深受克里斯蒂的触动，将其回忆录翻译出版，以此开始了岩波新书的历史。

承先行者之志，岩波新书此后又出版了许多以中国历史、社会、文化、艺术为题的书籍。自创刊以来及至今日，由岩波新书发行的、以中国为主题的书籍已达140余册。我们对于中国的关注和热情从未衰减，对于岩波新书而言，“中国”已成为身边不可忽视的存在。

那么何谓“新书”呢？或许有必要向中国读者再次进行说明，因为新书是诞生于日本的独特出版物。

新书最大的特点是它“小而紧凑”。在字数上，新书大约在十万日文字左右。标题简练，通俗易懂。若是部头过大，则十分难读；若部头过小，则不能尽兴。而取其中庸的新书正符合日本人喜爱轻快节奏的心性。日本人就是喜欢新书这类书籍的人。

据说，目前日本已经出版了一百多种可称为“新书”的书籍。除岩波新书外，中公新书、讲谈社现代新书、筑摩新书、集英社新书、光文社新书等，以出版社冠名的新书种类数不胜数。各大出版社相互竞争，每月合计发售数十本新书。诸位读者日后来日本旅游时，也可顺路看看日本的书店。日本的书店会有一个“新书区域”，在这个区域，你会看到如同百花齐放般热闹的景象。

在百花齐放的新书领域，岩波新书是第一个在日本发行新书的老字号。创刊八十年以来，我们时时刻刻在满足着日本读者的求知欲和好奇心。岩波新书的一大特色就是其内容的可信度高。

我们在各个领域拥有最权威的学者、编辑和作家，产出了许多可称为名著的作品。在岩波新书出版著作是一件很有荣誉的事，这已经是日本各界达成的共识。

岩波新书擅长的领域是学术和纪实。畅游在学术世界里的学者为将思考和研究成果凝聚成一本小小册子而倾注心血，执笔著述。行走在“真实”世界中的新闻工作者则冷眼审视时代变迁和社会动向，以锋利的笔触向世人传递信息。无论在哪一领域，以满腔热血活跃在第一线，这就是岩波新书。

日本有一个词叫“修养新书”，这也可以说是岩波新书的代名词。读者可以在书中养性修身，进而构筑一个美好社会和世界，这便是岩波新书的目标。不止步于获取知识，而是将获取的知识与自我的生活、生命相连接，所谓“修养”就在于此。将更多的“修养新书”带到这个世界，这就是我们岩波新书的使命和理想。

此次经新经典文化发行的岩波新书，是我们从出版的 3200 本书中严格挑选出来的。无论哪一本，都是了解日本历史、文化、社会的绝佳书籍，对此我们深信不疑。

最后，我想向中国读者，以及从中牵线搭桥的新经典文化主编杨晓燕女士和各位翻译、校阅的老师致以深深的谢意。已经捧得本书的读者，希望这本书能够成为你美好的人生伴侣。

岩波新书主编　永沼浩一

2018 年 8 月

代　序

梅棹忠夫评林屋辰三郎所著之《京都》*

书本信息与解说

林屋辰三郎著《京都》，岩波书店，257 页，1962 年 5 月 。

林屋辰三郎先生是我的初中、高中与大学学长。他也是土生土长的京都市民，毕生致力于研究京都这座城市，是我最为敬重的学者。我受林屋先生所托，为他的著作《京都》写下了这篇书评**。

林屋先生在若干年前就跟我提过，他准备写一本名为《京都》

* 本文摘自中文版《京都导览》一书，商务印书馆出版，日文原版由角川书店发行。

** 梅棹忠夫，《京都市民也不知道的京都——终极版京都指南》，载《图书》第 155 号 P36—37，1962 年 7 月，岩波书店。

的书。如今，我终于拿到了这本新鲜出炉的《京都》。翻看之余，我不禁感叹，如此细致入微的好书，的确需要数年时间精打细磨。且不说正文内容的好坏——只看书中的照片，张张都是精品。北野的照片，天满宫的匾额、石牛与梅枝，还有那印着梅纹的灯笼。对细节的刻画，真是丝丝入微。色彩斑斓又恰当好处的照片，更增添了本书为读者带来的乐趣。而且每一章开头都有简略版地图，标明了本章的看点与京都站的位置关系，真是再周到不过了。文献指南与索引也为读者行了极大的方便。

“京都”这座城市与历史有着千丝万缕的联系。好在林屋先生本就是一位杰出的历史学家。要找人为京都写一本传记，最合适的人选莫过于他。

不过本书并非普普通通的“京都史”。它的特别之处在于，它能带领读者在京都的各个区域探寻往日的岁月，以“地理”表现“历史”。从这个角度看，这本《京都》也算是“京都指南”了。以“时间”划分“空间”，以“空间”表达“时间”——本书的着眼点着实犀利。然而，其他城市绝无法模仿这种表现手法。正如本书的作者所言，有可能做到这一点的“唯有京都”。

如果将本书称作“指南”，那它就一定是“终极版的京都指南”。在全世界各大城市的指南书中，它也是当仁不让的冠军。普通的指南，不是枯燥乏味的说明文，就是从好奇出发的俗套玩意，但这本《京都》高屋建瓴，以准确的知识带领读者走进京都这座千年古都，格调高雅，文字却不失趣味，真是难能可贵。

即便是从小在京都长大，走遍了京都大街小巷的京都人，也会在看完本书后感叹，“京都还有许多神秘等待我探访”。它也激起了我重走京都的热情。这一回，我要带着孩子一起走。

不过我并不建议大家边看书边游览。《京都》并不是这一类指南书。读者最好在前往京都前阅读此书，不然就干脆等回家后再看。为什么呢？因为本书介绍的是“成体系的京都历史”。

从某种角度看，京都就是活生生的“日本史”。剖析京都的历史，就是剖析日本的历史。本书就是以京都的历史为素材，为读者讲解了日本的斗转星移。因此我们可以将这本书用作日本史的敲门砖，看完之后再去京都欣赏实物，加深理解。学校之所以会组织学生去京都春游秋游，也是因为京都能加深学生对历史的感悟。对初、高中的带队老师而言，本书的登场绝对是一大福音。我甚至有些纳闷，为何此前从没有人编写过这样一本书呢？

京都是一座旅游城市，免不了横生种种世俗之见与误解。但本书的作者绝不轻信世间流传的起源传说，而是从“史学家”的视角出发，在日本史的框架下分析各个景点的起源与变迁。天满宫是怎么来的？稻荷神社又有着怎样的渊源？作者将带领读者沿着历史脉络缓缓前行，给出教人心悦诚服的解释。

我很熟悉白河的法胜寺遗址，可我看了这本书之后才明白，这座寺院正代表了院政政权与藤原贵族执政的不同之处。不得不说，它帮助我“读懂”了日本史中的一页。纸屋川的土垒也是我从小玩到大的地方，可我万万没有想到，那竟是秀吉为了将京都变为封建城市而进行的尝试。读完《京都》，我才真正“读懂”织田丰臣政权在日本史中的意义。

在作者的诸多论点中，最让我感动的莫过于对“京都缘何堪称千年古都”的解说。应仁文明之乱曾使这座古都颓败至极，但王朝的遗迹在桃山宽永年间的“文艺复兴”中焕发了新生——理解这一点，对“读懂”京都与日本史至关重要。

本书对京都的古代、中世与近世做出了详尽的讲解，但“近世到现代”的这段历史未免太过简略了一些。明治维新时的动乱也是一笔带过。对京都而言，“近世”也是一段极为重要的历史时期，因为它与明治之后的迅猛发展息息相关。“京都缘何能在明治之后发展为现代化大都市？”——也许本书并未给出这个问题的明确答案。

比如，提起现代京都的“乡土产业”，首屈一指的便是太秦地区的电影产业了。京都的电影业为何如此发达？因为京都有许多寺院，适合当古装剧的外景地？个中缘由自然不会如此单纯。但作者对京都的电影业只字未提。其实林屋先生在演艺界历史方面颇有建树，若是能在这方面做些补充就更好了。

我方才曾说过，这本书非常适合学校的带队老师。不过学生和普通人阅读此书时，兴许会觉得有些吃力。因为它不仅没有提及京都的电影产业，也没有介绍祇园与先斗町的花街。提起京都，普通人首先联想到的都是“阿锦”（万屋锦之介）与“雷藏”（市川雷藏），要么就是拖着长腰带的舞伎。不难想象，读者们都很想了解舞伎的起源与历史含义。

综上所述，此书唯一的缺陷就是“没有考虑到通俗大众的兴趣点”。这也许是岩波书店作出版的文化格调使然，不过在我看来，这个问题的罪魁祸首极可能是“篇幅”。小小一本书，岂能容得下堂堂京都的历史。若能分成上下两册，作者就能对京都的近代史做出更为详尽的介绍了。

本书的用词遣句也比较艰深。年号与地名最好标上假名，否则普通读者很难看懂。京都的地址中常有“上ル（あがる）”与“下ル（さがる）”，别看它们的笔画少，念法却很特殊。错念成“のぼる”与“くだる”的读者大有人在。恐怕作者是不想低估了读者的文化水平，可若是高估了读者，反而更容易让年轻人对日本史敬而远之。在本书的基础上再写一本更简明易懂的《京都（少儿版）》如何？不给老师看，专给来京都游学的学生看就好。

曹逸冰　译

前　言

“春季百花开，相约看花在东山，争奇斗艳芬芳竞，夜樱自翩跹。”正如这首歌所咏叹的，京都一年四季都有与其季节相应的名胜。更有《京之四季》唱道：“秋天增色华顶山，唐伞遮时雨，淋湿红叶长乐寺。”王朝以来，嵯峨野的月、小野的雪、醍醐的花，名胜之地真是说不尽。不知何时，到京都寻访四季成了来京的人们最大的愿望。

京都之四季不仅仅体现在自然方面，各个季节都有与之相应的传统活动，自然而然地成了四季的转折点。从初春的祇园白术祭开始，有春分的吉田节分祭、阳春花下的镇花祭。当壬生的大念佛一结束，就是贺茂的赛马和葵祭了。盛夏到来，祇园会的山鉾巡行让市民在整个7月都处在兴奋之中。在迎来盂兰盆的大文字灯火时，悄悄走近的秋意让贺茂河畔飘荡着淡淡的哀愁。10月，广隆寺的牛祭跟上来。平安神宫的时代祭虽然历史很短，但它再现了从平安时代到明治维新的历史风俗，是最具有观光价值的节日活动。同一天还有鞍马的火祭。当11月和岚山红叶一起逝去时，时序立刻进入了寒冷刺骨的冬季。其标志就是南座的新人亮相大公演。京都的四季就是以这些传统的节日活动为经线、以大自然的美丽景观为纬线编织出来的。

不知什么时候起，我产生了这样的想法：如果我能在京都这样寻求四季的话，比起一年四季来，我更想在京都寻求古都的千年岁月。虽然一年可以分成四季，但我不能断定千年能分成几个阶段。但是如果用千年这个时间来划分京都这个空间，就会产生不少的趣味。反过来说，这是千年历史的地理性表现。用时间划分空间，用空间表现时间——本书做出了这种果断的尝试。至于这一愿望是否能实现，我也不知道。但是在全日本大概只有京都具有这种可能性吧。

所以这本读物未必能写尽京都的一切。但是，如果读者能明白哪怕一点点关于这座城市既是近代化城市也是历史性城市的具体原因，我的目的也就达到了。比如，应仁文明之乱使京都化为焦土，古都本应随之灭亡，但其仍旧能够称得上是千年古都的原因到底在哪儿呢？我觉得，抓住王朝的遗迹因桃山的遗产得以复兴这一事实，确认庆长、元和、宽永这几个时期在京都历史上所占据的地位，就能回答这个问题了。明治维新，当首都的位置迁到东京时，古都再一次陷入濒于衰亡的境地，但是它却完成了近代化的华丽转身，其原因究竟是什么？我们循着槙村正直、明石博高、北垣国道等先驱者们的足迹，考察他们为现代京都发挥的作用，便能得知答案。特别是他们为京都的近代化所探寻的道路，可以让我们深刻反思现在完全依赖京都市旅游观光这样一种政策是多么苍白单调。

然而我对于这本读物的主要兴趣点已如前述，所以几乎没有触及现在京都的 32 万户家庭、130 万市民所面对的政治、经济上的具体问题，只是对这些市民的祖先所构筑的町的形态，以及由此造就的京都人的气质秉性，做了若干新的思考。例如，关于京都人，我听得最多的问题是，在京都这块看上去似乎很保守的地盘，在第一次普选中竟然有两名无产阶级政党的议员当选，这种革新性产生的原因是什么？关于这类问题，我没有直接回答，而读者在书中叙述的字里行间或许能得到某种解答吧。

以历史上的京都为主题的书籍很多，几乎可以算是一股京都热了。然而这本读物要在全日本追寻只有京都才可能有的历史和地域相结合的关系，就算在京都热中也能有一席之地吧。为了写作这本薄薄的读物，我得到了学师知友们的许多帮助。一部分插图照片已在卷末注明了提供者。* 同时也得到岩波书店堀江铃子、田村义也的鼎力相助。田村拿着本书的校对稿在京都四处奔波，亲力亲为拍下大部分的照片，给了我热情的帮助。横井清为本书各章制作了地图，并做了校对和索引等工作。日下雅义描绘了地质图和伏见复原图。对于他们的热情帮助，我深表谢意。

林屋辰三郎

* 由于日文原版《京都》出版年代久远，中文版书中的图片已全部替换。

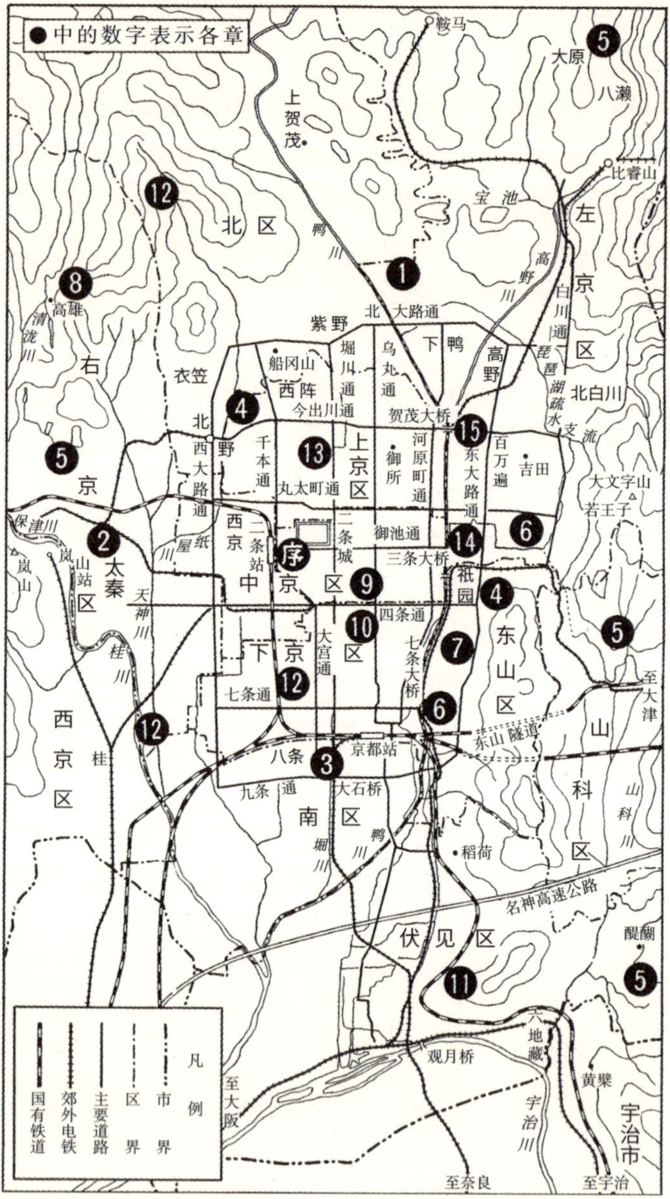
●中的数字表示各章
鞍马
大原
八濑
上贺茂
比睿山
宝池
左京区
北区
鸭川
高野川
高雄
清泷川
右京区
紫野
北大路通
下鸭
高野
船冈山
西阵
堀川通
乌丸通
衣笠
白川通
琵琶湖疏水支流
北白川
今出川通
贺茂大桥
北野
西大路通
千本通
上京区
御所
河原町通
百万遍
吉田
东大路通
丸太町通
大文字山
若王子
保津川
西京
二条站
二条城
御池通
岚山
岚山站
太秦
纸屋川
三条大桥
祇园
天神川
中京区
四条通
东山区
桂川
下京区
大宫通
七条大桥
至大津
七条通
东山隧道
山科区
西京区
桂
八条
京都站
九条通
大石桥
南区
堀川
稻荷
山科川
名神高速公路
伏见区
醍醐
六地藏
观月桥
至大阪
黄檗
宇治川
宇治市
至奈良
至宇治
凡例
国有铁道
郊外电铁
主要道路
区界
市界

目录

序　章　湖底的风土

——神泉苑

被忘却的神泉苑

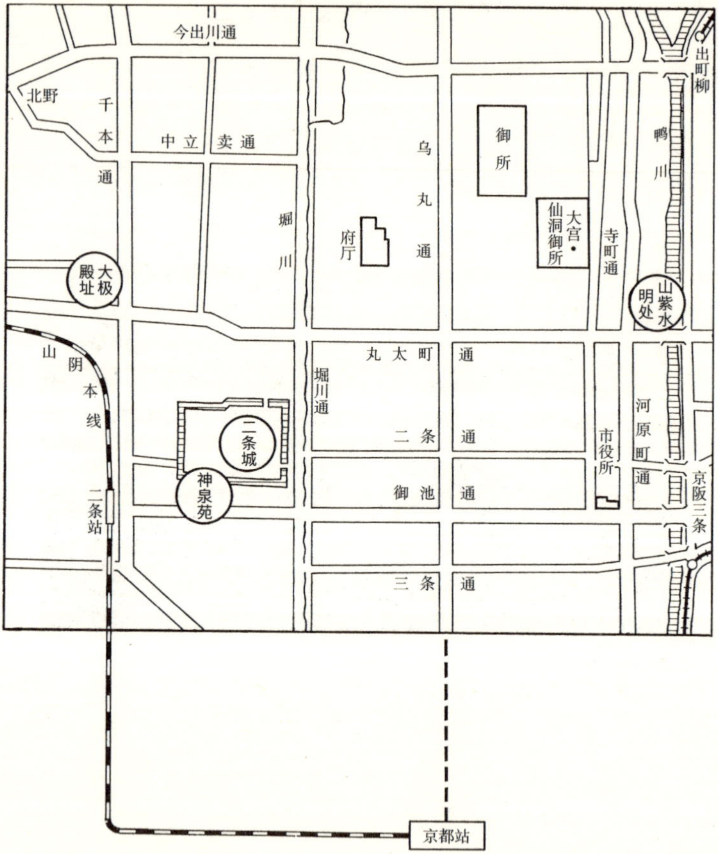
今出川通
出町柳
北野
千本通
中立卖通
御所
乌丸通
堀川
府厅
大宫·仙洞御所
寺町通
鸭川
大极殿址
山紫水明处
山阴本线
丸太町通
堀川通
二条城
二条通
河原町通
市役所
神泉苑
御池通
京阪三条
二条站
三条通
京都站

御池

京都为神泉苑所生。虽说如此，对那些来访京都的人而言，神泉苑并不是个耳熟能详的名字。不，不，最近就连住在京都的人们对神泉苑也根本不感兴趣。但一说起御池，只要是知道京都的人，无论是谁都晓得。那条大街上有为京都市民服务的市府机关——市役所，还有来访京都的客人们住宿的著名饭店。而且战后还利用这里的疏散地拓宽了道路，成了祇园会[1]山鉾[2]巡行的路线，并因此而一跃成名。为了再说得详细一点儿，让我来介绍一下京都的孩子们大声背诵的《街名尽知》吧："丸（太町）竹（屋町）夷（川）二（条）押（小路）御池，姊（小路）三（条）六角蛸（药师）锦（小路），四（条）绫（小路）佛（光寺）高（辻），松（原）万（寿寺）五条。"这是将棋盘格街道的东西向道路从北边的一条开始念起的一节，如大家所见，御池通在叫作二条通、三条通的两条大街的正

远眺春天薄雾中的西山，俯瞰京都市役所的前庭，御池通笔直地向西延伸

中间，是孩子们唱完“丸竹夷二押御池”之后换气的地方。

神泉苑就是御池通这条街道名称的来源，位于御池通大街上的大宫西。怀旧的人们把这里读作“ひぜんさん”（hizensan）。京都的地名都有当地的读法，神泉苑读作“しぜんねん”（shizennen），变成爱称就是“しぜんさん”（shizensan）。“七”读作“ひち”（hithi），讹作“ひぜんさん”（hizensan）。老京都人一直都这样亲昵地读。原来平安京[3]大内的禁苑占据着东至大宫、西至壬生、北到二条、南到三条的东西二町[4]、南北四町的广大地区。正殿是乾临殿，经常举行游宴。池中祭祀着善女龙王，因祈雨灵验而闻名。有一个非常有名的故事，弘法大师空海[5]曾和西寺的守敏[6]大德修习请雨法，比赛祈雨之技，结果弘法大师

破除了守敏的咒术。虽然是大内的禁苑，但是在平安京的中央有这样一个大池塘还是颇有趣味的。传说这是模仿中国的周文王的灵囿建造的。《本朝文粹》记下了源顺[7]的感慨："红林地广，楚梦吞胸中；绿池水高，吴江缩眼下。"我们不认为这样大规模的红林绿池完全是靠人工开凿的，肯定是利用定都以前的旧地势并加以庄严的整治形成的。

地质学家告诉我们，京都曾经是断层沉陷形成的湖底（断层湖盆），有一个时期还是与大阪湾相通的江湾。这已是数万年以前的事情了。但是京都人直到现在还切实感受着这片乡土的前身。夏天的闷热、冬天的寒冷，宛如处在研钵底部的强烈温差究竟是从哪里来的呢？并非有谁专门来告诉我们，但是这数万年前的事情已经积淀在我们的意识中，让我们自然而然地体验着。这个太古的湖本是一个盆地。由于从北到东的山峦带来泥沙堆积和轻微的地壳隆起，形成了京都盆地。起初，高野川的前身自东北到西南被分成了好几条河流，斜向流过盆地中央。贺茂川的前身从北山向正南，河面变宽，流进堀川的位置。两条河在西南的吉祥院附近汇合，流入桂川。从地质上看，砂砾层地壳说明了水脉的流向。虽然形成了盆地，但因为它是两条河川的泛滥之地，所以这个盆地处于极其湿润的状态。因此定都之后，西南部还留下许多小泉眼，直到今天市内地下水仍旧极其丰富。特别是神泉苑的水，它来自孕育了京都的湖底的涌泉，是旧贺茂川河水巨大的淤塞之处，后来成为苑池，直到今天仍是使太古湖水得以滞留的地方。

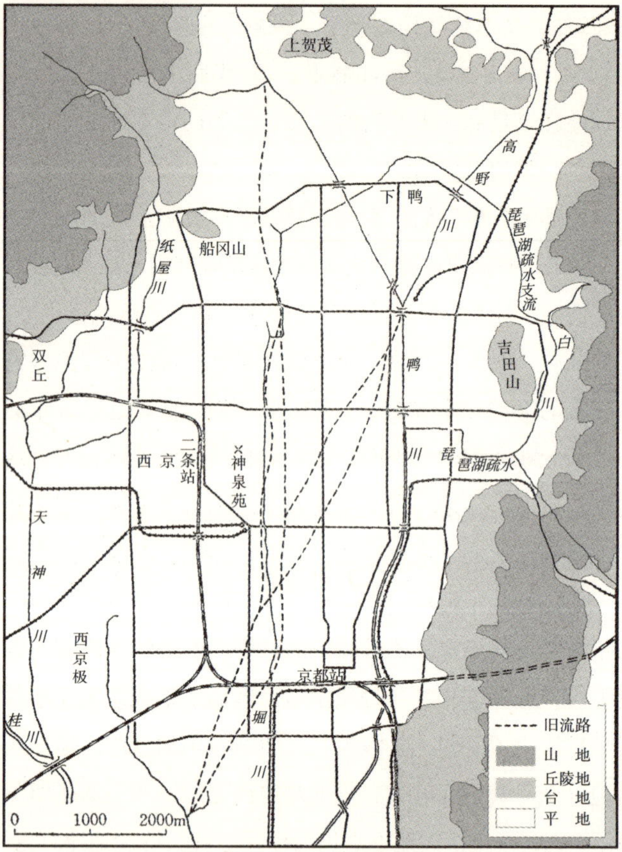
上贺茂
高野
下鸭
川
琵琶湖疏水支流
纸屋川
船冈山
双丘
吉田山
白
川
鸭
川
琵琶湖疏水
二条站
西京
神泉苑
天神川
西京极
京都站
堀川
桂川
0 1000 2000m
旧流路
山地
丘陵地
台地
平地

山紫水明处

从学问的角度来说，夏、冬季节的严酷属于大陆性气候，但如果它明显是由湖底型风土带来的，那么就可以认为春、秋季节的美丽其实也同样是由湖底型风土带来的。作为享受春和秋的代价，京都人也超然地看待夏和冬。如此看来，神泉苑就是夏、冬季节严酷性的根源，换言之，它也是孕育春、秋季节平稳性的根基。那么神泉苑就可以被叫作风土的中心了，它为我们解开了京都所具有的季节的秘密。

建造平安京时，人们实施了大规模的治水工程，在今天的上贺茂和下鸭之间开凿了贺茂川的河道，将旧贺茂川的水量降到了鸭川（贺茂川与高野川汇合后的下游部分）的水平，于是旧贺茂川水量减少，形成了现在的堀川。神泉苑也在造苑时变成了池塘。延历十九年（800），桓武天皇[8]到此地游幸，后来成为了宫廷节日活动，春秋时在苑池举行游宴，特别是重阳节（九月九日）时在此赏菊花，赐宴群臣。在平安初期的《凌云集》《文华秀丽集》《经国集》三部汉诗集中，有许多作品吟咏了苑池的风光和宴游的喜悦。 但这苑池虽是禁苑，却并非与民间隔绝。贞观[9]四年（862）九月，京都井水枯竭时，它任由人们到此汲水。五年五月，神泉苑举行御灵会[10]以祓除瘟神之祟的时候，苑之四门大开，允许人们出入观看。人们把祈雨的愿望、消火除厄的心情也都带到这里，真是有趣。京都的苑池不仅仅是宫廷的禁苑。林中放养着鹿，池中浮满了荷叶，盛开着美丽的莲花，新造的钓台上能看到终日垂钓的人的身影。南边有一泷殿，落泉宛如瀑布，颇有情调。

这样的景色以神泉苑最为典型，似乎在王朝时代[11]的市内到处都能看到。其中有很多成了贵族的宅邸，被叫作池亭、水阁什么的。在神泉苑的东侧，二条南边、西洞院西边的闲院就是藤原冬嗣[12]的邸馆。据说在宽阔的苑池岸边，柳枝翠绿，松涛阵阵，酷热时几乎让人感到寒意。王朝时代的宅邸就是用它们宽阔的苑池来显示这些特征的。而这些特征又都是由京都的地理状况决定的吧。

京都曾是泉水之都。今天市中还留有能证明涌泉的叫作出水、今出川之类的地名，而在堀川一带还有很多与茶道有渊源的名泉。可以说这些都是湖底型地理带来的产物。而且这些水都很清澈，令人心旷神怡。赖山阳[13]给他的旧宅命名为**山紫水明处**，这个名字其实也是对京都的赞词，可以

山清水秀养人眼，山阳枕边传来贺茂川千鸟啼啭声

说从古代经幕末[14]到现在一直都通用。从保存在鸭河畔、丸太町三本木上的不起眼的旧宅远眺时，那高耸的比睿山和舒缓的东山三十六峰形成颇有情趣的对照。京都的群山让人切身感受到它的美，而水也不独有鸭川，所有的水都是明媚的。

自然的遗产

进入中世[15]以后，神泉苑渐渐荒废，也不是禁苑了，什么都不是了，甚至出现了贱民的棚屋。但干旱时还是要在这里举行祈雨活动的。祈祷时要打扫苑池。在从前的王朝时期，朝廷曾经在遇到干旱时向接受官币[16]的二十一家神社供奉币帛，向神泉苑派扫除敕使，而且是由官人亲自打扫。而到了室町时代[17]，例如文安四年（1447）五月干旱时，则命人到五山[18]祈祷。叫作开合的侍所[19]的下级官吏征用町人夫来打扫苑池。二十一家神社和五山、扫除敕使和侍所开合、官人和町人夫，虽然时代在变，但对神泉苑的信仰没有变。甚至就像町人夫被扫除官员征用所表明的，各町之间的关系大概也非常紧密。我觉得“御池”这个爱称可能就是在这个时候产生的。

但是对苑池造成毁灭性破坏的，是庆长七年（1602）德川氏对二条城的建造。仿佛是在向古老的信仰挑衅一般，神泉苑北边大半被削掉了，太古的涌泉直接注入城内的苑池。然而，新的封建君主也注意到了神泉苑的苑池，这就意味着这个地方仍是京都的中心，其地位不能被忽视。但是神泉苑已经受到了伤害。后来又逐渐被住家蚕食，终于缩小到现在的半町见方了。元和年间（1615—1624），筑紫僧人觉雅请求官府把这里辟为佛地，于是它归属东寺宝菩提院，直到今天。尽管如此，神泉苑仍旧是京都最古老的自然遗产，也是王朝以来风土地理的中心。京都人应该稍微重视一点这个池子。由于二条城观光的繁荣，现实中的苑池已

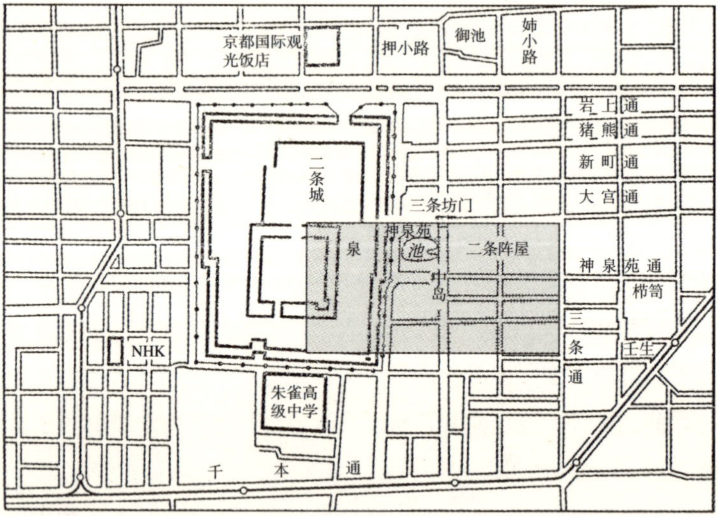

神泉苑复原图　该大苑池现在仅有半町平方，不久将会彻底消失，令人担忧（据西田直二郎博士《京都史迹研究》所收图）

德川的二条城给京都朝廷以威压感，御池的水也是从前禁苑的水

失去了信仰的意味，作为境内幼儿园的游乐场，被满是污浊地扔在那里。更令人担忧的是，附近建起了高楼，不曾枯竭的苑水也将逐渐枯竭。不能让御池这个自然与文化浑然天成的遗产消亡。为了保护它，就不应产生所谓“信仰还是观光”的争论。

第一章　京都的古代人

——贺茂

神话世界，上贺茂神社

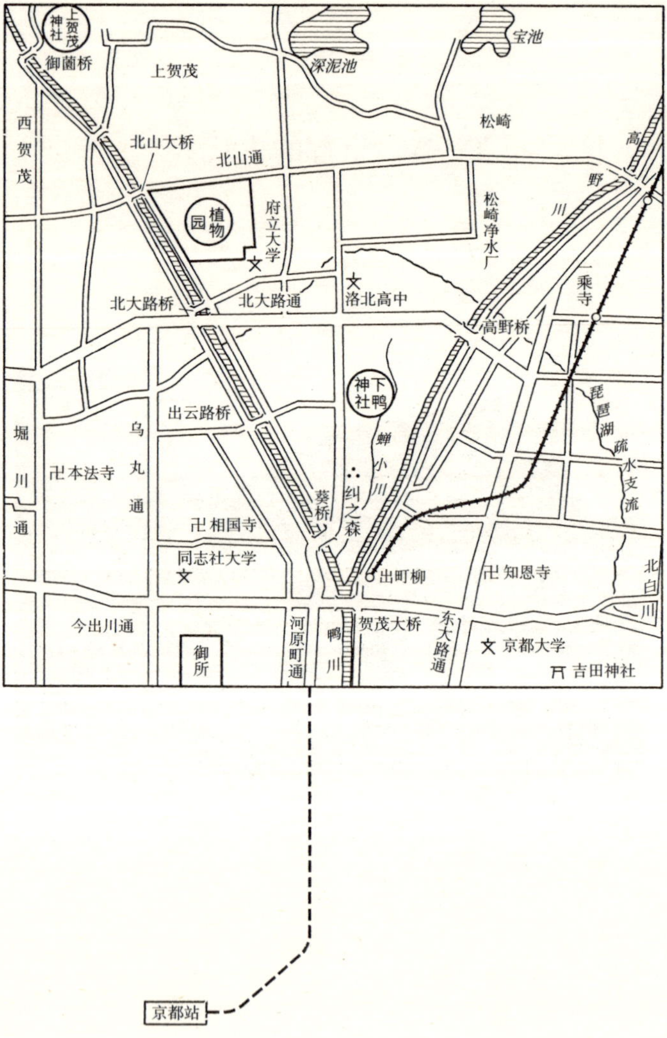

上贺茂神社
御薗桥
上贺茂
深泥池
宝池
松崎
西贺茂
北山大桥
北山通
高野川
植物园
府立大学
松崎净水厂
一乘寺
北大路桥
北大路通
洛北高中
高野桥
下鸭神社
琵琶湖疏水支流
出云路桥
乌丸通
堀川通
本法寺
蝉小川
葵桥
纠之森
相国寺
同志社大学
出町柳
知恩寺
北白川
今出川通
河原町通
鸭川
贺茂大桥
东大路通
京都大学
吉田神社
御所
京都站

绳文遗迹

昭和三十六年（1961）八月，在北白川北边的一乘寺向畑町，在根据都市规划实施的区划整理道路工程的现场，发现了绳文式时代[20]的遗迹。特别是从第一层褐色土层出土了绳文时代稀有的土瓶，因而倍受关注 。京都大学、立命馆大学的学生们把皮肤晒得黝黑，汗流浃背地为我解说。他们说，现场呈现出土层的层序，从表面起向下依次是褐色土层、黄色土层、黑色土层、白色砂层。土瓶出土的褐色土层还出土了三四千年前绳文后期的陶器。其实更加重要的是，黑色土层出土了约七千年前的属于绳文早期末叶的新陶器。这些新发现的绳文式早期陶器将过去推定的五千年的结论大大提前了。遗迹显示，这个地方在七八千年前曾是最早的聚落。此次发现最大的收获是，京都的历史至少可以上溯到七千年以前，一直从绳文式早期延续到后期。

绳文时代也有陶瓶，令人吃惊；其形态没有变化，又是一惊

京都盆地最早开始有人类居住的地区，据说就是由高野川和白川的泥沙堆积形成的北白川，以及因贺茂川而形成的上贺茂，这个地区被叫作“谷口扇状地带”，即在河谷的出口像扇骨一样展开的泥沙堆积地带。左京区北白川一带很早就从遗迹中出土了绳文式中期的陶器和石器。这次发掘的一乘寺向畑町就在它的北边。在上贺茂的贺茂别雷神社后山也出土了同一时代的陶器。于是从北方的山地到相当于盆地入口的丘陵地带被人们看作文化的黎明出现的地方。京都的绳文人肯定曾在有着水乡情调的上贺茂和北白川附近过着狩猎和渔捞的生活。在《古事记》和《日本书纪》中，住在大和吉野的绳文人被叫作“国栖”，被称作“生尾人”，而这个时代的京都人当然也与叫作“国栖”“土蜘蛛”的人们属于同一类了。

再看后来的弥生式时代[21]的遗迹，最近只在鸟羽附近发现了一个，意外地少。京都府的整个南部都是这样。进入农耕社会以后，直到大和国家势力扩张到这里，中间有一个停滞的时期。这种弥生式文化的停滞是由这一地区的内陆性位置造成的吧。

一般认为，来到这个盆地的新文化当然是从大阪湾经过淀川水系流入的。但是，如果这个方向一开始就因京都湖底性的、江湾性的地势而被堵塞的话，那么我们就应该想到，文化是从日本海经丹波传播来的。丹后国[22]从丹波国[23]分离出来是在和铜六年（713）四月。在那以前，处在京都盆地背后的丹波国曾是一个包括丹后五郡在内的大国。而丹后地区通过日本海很早就受到大陆文化的影响，以**函石滨**为代表的弥生式文化遗迹遍布各地。在函石滨遗迹中发现的汉代王莽时期铸造的“货泉”说明了其与大陆的非同一般的关系。日本海方面的文化影响被阻隔在丹波的高原地区，未必直接波及京都，但应该特别关注的是，在高原的南端、龟冈市千岁町**出云神社**内发现了磨制石斧和弥生式陶器，这足以证明那些具有出云信仰的人们是逐步南下而来的。从龟冈越过**老坂**的山岭就可直接进入京都盆地了。

这样看来，将弥生式农耕文化带进京都盆地的是从丹波南下的出云氏族。他们好像定居在下贺茂一带。奈良时代[24]的神龟三年（726），在计帐中留有名字的出云乡就是居住在这里的出云臣的大聚落，大概在今天的出云路桥西岸。虽然一点也没有这个乡的人们从弥生式时代起就一直定居在这里的根据，但他们通过所谓出云路迁入的历史可以上溯到史前吧。[25]

山 城

3世纪，在大和[26]地区形成了国家，这个地方出现了一个叫作“やましろ”（yamashiro）的国家。众所周知，这个国家在《古事记》中所用的文字是“山代”，后来是“山背”，平安时代[27]写作“山城”[28]。关于原来的“やましろ”（山代），《日本书纪》崇神天皇条记载：武埴安彦之妻取倭香山之土，祈曰“是倭国之物实”。行间小注里注释物实读作“望能志吕”（ものしろ，monoshiro）。所谓倭国之物实不是别的，它指的就是倭国本身。正因如此，武埴安彦将其用作夺取国家的咒愿。于是“しろ”（shiro）即是“实”，“やましろ”（yamashiro）即山之实体，也就是山本身，具体而言就是形成山的形状的山林。所以“山代”二字表示树木繁茂的山中之国。

京都盆地周围从数千年前起就已有居民和文化的遗迹，但从大和来看也不过是山中的森林之国。而从大和进入山代的文化传播者当属贺茂氏族。下文看到的将是神话的世界。

《山城国风土记》载，贺茂建角身命从天上降临到日向[29]的曾之峰，作为神倭石余比古即神武天皇[30]的先导进入大和，宿于大和的葛木山上，并从这里逐渐迁至山代国冈田的贺茂，即相乐郡加茂町。他下木津川，至葛野河，即桂川与贺茂河汇合之处，望着贺茂河说：“虽然狭小，却是石川清川。”然后溯川而上，镇坐久我国[31]北山基。清川被命名为石川濑见小川，所以现在将下

中世上演劝进猿乐的下鸭神社森林公园，近来一片荒芜

鸭神社内的小水流叫作蝉小川[32]。这原本是附会之说。久我国之北山基后来被叫作贺茂，但那是指贺茂川的上游、西贺茂的大宫森林，据说那里才是下鸭神社的旧址。

这个贺茂传说的前半段确切地告诉我们贺茂氏族带着大和文化进入盆地——山代的中心——的路径。贺茂氏以八咫乌为祖先，被认为是乌图腾氏族，这也与作神武天皇的先导这个传说有着表里关系。坐落在纠之森之南的**河合神社**（贺茂御祖神社的摄社[33]）的祭神是这片地方的地主神，但有趣的是，在回廊中间还祭祀着一个小乌社。也许这才是贺茂社的原型吧。在这里，大和氏族意外地与出云氏族相遇了。一个从北，一个从南，两个氏族和他们的文化在此相遇，不是相互抗争，而是完美地融合了。在神话世界里，贺茂建角身命娶丹波国神野的神伊可古夜日女，生玉依日子、玉依日卖。或可认为这个丹波之神就是出云路上出云信仰的媒介。于是贺茂的氏族及其神灵创造出融合了大和和出云两个氏族的文化与信仰。而这个文化和信仰的主体无疑就是农耕了。

在贺茂传说的后半段，玉依日卖在石川濑见小川游泳时，一支丹涂矢从上游流下来。她取来插在床边。不久她怀孕，生下一个男孩。孩子长大了，外祖父贺茂建角身命造八寻[34]屋，立八户扉，酿八腹酒，把众神请来，开了七天七夜的宴会。然后他对男孩说："你觉得谁是你的父亲，你就让他把酒喝了。"说罢，男孩举起酒杯向天祭祀，从屋顶穿出升天了。于是因循外祖父之名，命名这个男孩为可茂别雷命[35]。而丹涂矢就是乙训郡神社的火雷神。也就是说，他的父神是天上的雷神。这就是著名的神婚传说。构成这个故事的基调就是农耕信仰。这一点没人有异议。无论古今，对于农民来说，最为渴望的就是水，是适时的雨水。干旱时能带来甘霖的无疑就是雷鸣。古代人感觉到雷鸣中有神的存在，这种想法绝非无理。实际上历史上也能见到向火雷神祈雨的事情，如《续日本纪》（卷第二）大宝二年（702）七月："在山背国乙训郡火雷神，每旱祈雨，频有征验，宜入大币及月次币例。"这就是今天向日町的**向神社**。

从后来传下来的祭祀活动，我们知道，**贺茂社**是祭祀贺茂氏族祖先神的，同时它也具有鲜明的农耕神的性格。比如贺茂赛马，钦明天皇[36]时的传说是这样开始的：天下的风雨成为百姓的愁苦，但这是贺茂神作祟，所以选择在四月的吉日中酉日（现行的5月15日），马挂铃、人蒙猪头驱驰，以祭祀、慰劳神灵。结果五谷成就，天下丰年。从这里能看到奉献给天神的动物牺牲，还有占卜吉凶年的习俗。再比如乌相扑，在上贺茂神社，重阳节那天举行的祭神活动乌相扑，今天仍在举行。如前所述，乌鸦与贺茂神有着很深的渊源。相扑也和赛马一样，含有占卜年景的意思。一说贺茂，一般人都会想起每年5月15日举行的葵祭，也就是说，人们很容易用所谓王朝画卷的概念来理解贺茂。然而虽说是祭，其最具特点的却是敕使从宫廷出发到贺茂社的行进行列。从以前开始，观赏时便有用连起来的车做成的观众席，然而令人意外的是，京都人却鲜少对此表示感激。贺茂的本质是神话的，同时更是民俗的。

京都的亮点

不久，到了 4 世纪，以大和为中心的国家体制确立了。在统一国内、出兵朝鲜的过程中，不仅能看到文化的影响，还能看到权力的渗透。大和国家采取的统治方式是把地方上形成的小国家编成县，让地方共同体的统治者作为县主来进行统治。大和的县主与大王结成了姻亲关系，而筑紫[37]等地的县主被大和国家平定征服。就像贺茂之地曾经是叫作久我国的小国家那样，山代也是一个分立的小国家，后来都被重组成县。在这个盆地设置了葛野县、宇治的栗隈县等。越过北山，有丹波的桑田县等。贺茂之地也改成了鸭县，后来合并了葛野县，成为葛野鸭县主的统治之地。这块地域相当于后来的葛野郡及爱宕郡一带。贺茂县主[38]一名出自《山城国风土记逸文》："玉依日子者，今贺茂县主等御远祖也。"刚才贺茂还隐藏在神婚神话中，而现在看来，贺茂县主首先是这个盆地最早的统治者。它的谱系被上下贺茂社的神官家族长久地继承下来。

上贺茂社的周围是以这个县主的后裔和农户为主建立的乡。中世时有上贺茂六乡，细长壕沟环绕的神官家房屋烘托着与各乡共通的祥和氛围，古老的房屋一直留存到今天。前些年，这里神官家族之一的 M 家赠送给我工作所在的大学满满一长柜古文书作为研究史料。打开盖子，里面满满当当地装着从元龟、天正到幕末的文书和记录。不知为何，我突然觉得上贺茂乡就应该是留

东方首屈一指的热带植物大温室，极具价值，大正十三年（1924）开园

存这些资料的地方。然而这里距离现代化并不遥远。贺茂川上，公路已经竣工；在它的上游，高尔夫球场也已经开工。这些都已经成为现实中的问题。

再看**下鸭社**，纠之森因昭和九年（1934）侵袭近畿的台风而遭到破坏，其后逐渐被城市蚕食，变成了商店和住宅区。而在市中稀有的茂密森林中，家庭法院的白色建筑时隐时现，它的背面耸立着生活科学研究所的大楼。在这个森严的神话世界和最现实的人类世界曾经直接相遇的地方，我感受到今天贺茂的特色。位于贺茂中心的府立植物园战后被接收，很快就出现了美国村。在千年历史中，这里发生了意想不到的变化。但是在昭和三十六（1961）年五月，这里打破了长时间的沉默，整饬一新，重新开

小祠静静立在仅余半木的林中不为人知，据说曾是秦氏的信仰

放了。明媚的阳光下，七色的郁金香争奇斗艳。植物园的大温室里装着现代化的设备，这与其说是给贺茂，倒不如说是给京都增添了新的魅力。在园中央，围绕着小池，祭祀着叫作**半木神社**的小祠。所谓半木，是指顺水漂来的木头。这是一座和贺茂的流水有很深渊源的上贺茂社的摄社。旧物不拒新物，新物也需旧物。在这样的京都，旧的世界和新的世界好像互相成了亮点。这不能叫点缀，贺茂从平安京定都的时候起就被置于京都的亮点位置了。

第二章　古都以前

——太秦

让人想起梦殿的桂宫院

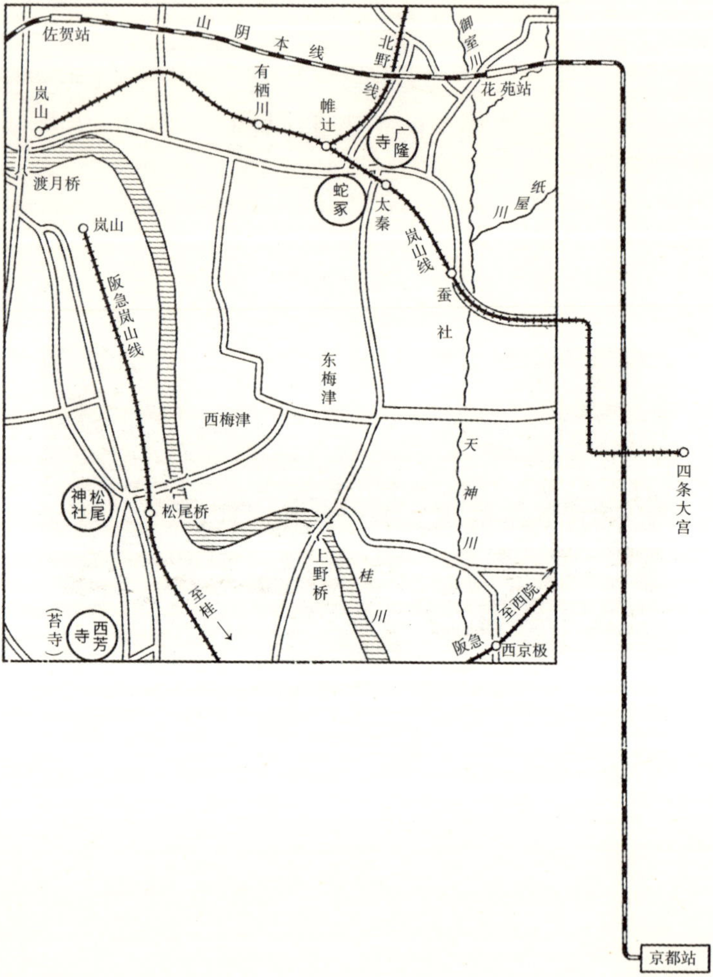
佐贺站
山阴本线
北野线
御室川
花苑站
岚山
有栖川
帷辻
广隆寺
渡月桥
蛇冢
太秦
纸屋川
岚山
岚山线
阪急岚山线
蚕社
东梅津
西梅津
天神川
四条大宫
松尾神社
松尾桥
上野桥
桂川
至桂
至西院
西芳寺（苔寺）
阪急
西京极
京都站

历史的脉搏

让京都盆地登上日本历史舞台的是5世纪以后中国和朝鲜移民在这里的定居。在这片盆地，洛[39]西之名也曾指**太秦**[40]之地。因为这里是著名国宝广隆寺的所在之地，所以最近太秦之名广为人知。在古老的京都历史中，这个名字在很长一段时间里总是被人遗忘。太秦的牛祭作为奇祭而闻名，但也正因如此，让人觉得那里是个远离都城的鄙野之地。平安京建成以后，哪怕越出四平方正的条坊规矩一步，也会让都城的人生出乡鄙之感。更何况西京很快就衰落了，更使人加深了这种感觉。现在京都的市民中还留有这种古老的、长期形成的印象。虽然这里早已进入快速的城市化进程，但仍难以消除那种近郊农村的感觉，只因城里消费的大多数蔬菜都是这一带供给的。但是作为京都以前具有代表性的历史和文化之地，我们不能漏掉太秦。

据说在应神天皇[41]时期，大和国家与大陆的关系迅速加深，随之有大量的中国、朝鲜移民渡海而来。其中最具代表性的是自称秦始皇子孙的弓月君[42]（融通王）率百二十县之民自百济到来。如果将应神天皇的年代推定为4世纪末到刚刚进入5世纪这段时期，那么与大和国家经营的南部朝鲜的实际状况对照来看，我认为这个传说的年代大抵还是可靠的。弓月君率领的大部分氏族把据点安在了葛野地区[43]。他们首先对这片湿润的土地加以改造，在流经这里的桂川上筑起大堰来调节水量，并将水用于开垦和灌溉。现代日本为了发电而筑坝已形成一股热潮。两者虽然在目的、规模等方面有着巨大的差别，但如今若提到筑坝的始祖，应该是在这里吧。据说这是秦氏率领全族建造的，号称天下无有可与之比肩者。的确，对于古人来说，这是一项令人惊诧的技术。这些移民在水利工程方面好像具有特别优秀的才能。仁德天皇[44]十一年（323）筑造茨田堤对于开垦河内平原具有划时代的意义。为了筑堤，征发了当地豪族茨田连的私有民和东国直辖地的农民。但在技术指导方面，一般认为是由当年来朝贡的新罗人担当的。桂川的大堰后来被冠以**大堰川**之名，为葛野地区带来很长时间的繁荣。这项工程的地点现在还不能确定，但它扼住了保津川的急湍流入盆地的咽喉，大约是在今天的岚峡千鸟渊一带吧。这项工程绝非易事，但因此而对下游的开发、灌溉起到了难以估量的作用。

秦氏计划在这里进行大规模的开垦，并将这里作为活动的据点。他们不仅带来了农耕技术，还将养蚕、织绢技术也带到了这里。这些都因太秦的起源传说而广为世人所知。因为这些移民带来的先进技术是拥有臣、连等姓[45]的豪族最为羡慕的，所以不久出现秦民被豪族分散驱使的倾向。但是雄略天皇时又将分散的秦民聚拢起来，赐给首领秦酒公，让他们将绢缣充作庸调献给朝廷。作为犒赏，赐秦酒公太秦之姓。而地名也来源于这个姓。由此看来，太秦在古代日本是拥有最高生产力的地方，定居在这里的秦氏是最大的生产型氏族。也可以说，秦氏的到来一下子将这个盆地推上了历史的舞台。

后来，大和国家因为在继体天皇[46]时经营朝鲜南部失败而发生政治动荡，进入大范围的内乱时期。在度过内乱危机的钦明天皇时期，秦氏和苏我氏都被赋予了极其重要的政治地位。例如，与葛野相邻的伏见深草里的秦大津父被聘请到钦明朝（540－571）的大藏省，并被举荐为统辖当时7053户秦氏的秦伴造。作为朝廷直辖领地的屯仓被设在伏见深草，并冠名为深草屯仓。由此来看，伏见深草的秦氏与朝廷之间通过屯仓的经营和管理结成特殊的关系，最终担当起大和国家的财政重任；京都盆地从西部到东南部也因此得到显著的发展。

眺望满眼绿叶的葛野，
但见一排排的屋舍，
又见国土的秀色。

这首著名的歌谣据说是应神天皇的御制歌，也可以看作6世

这一带地价飞涨，蛇冢面临着被破坏的危机

纪歌咏此地繁荣之状的民歌。这首歌非常生动地歌唱了古都以前的京都盆地。

太秦的中部、岚山电车“帷辻”站南面、摄影所街内侧，有一座叫作蛇冢的巨石古坟。那是后期横穴式古坟，封土已流失，露出了石室。它是残留在京都盆地的最古的坟茔。它的雄伟可与传说为苏我大臣墓的大和石舞台比肩。在推定为6世纪末的这个地区，能够营造这种坟墓的，除了秦氏，再不会想到有其他氏族了。它展示了这个氏族曾经的威势。除此以外，在天冢古坟附近还有很多古坟群，可以认为这些古坟都与秦氏有关。寻访太秦，站在蛇冢上面时，我遐想着京都诞生以前的情景，切身感受着历史的脉搏。

太子殿下

推古天皇[47]十一年（603），当时的首长秦河胜承圣德太子[48]所愿建造了**广隆寺**（旧名蜂冈寺）。这座寺院充分显示了秦氏后代所继承下来的繁荣和财力。这座寺院最初建在葛野的九条河原（现在还留有川胜寺这个地名），定都平安时迁到太秦现在的地方。寺藏国宝弥勒菩萨像的半跏[49]思维形象太过有名了。广隆寺虽然承载着太子发愿之名，但正如其别名秦公寺所示，实际上是秦氏建立的家庙，也可以说是强化氏族团结的核心之所。

关于秦河胜，有一个有趣的传说。《日本书纪》载，大化改新之前，皇极天皇[50]三年（644）秋，住在东国富士川边上的一个叫大生部多的人劝人们祭祀被称作常世神的虫子——似乎是一种像蚕一样的虫子。他劝说城里人和乡下人，只要祭祀这种虫子，贫穷的人会富有，年老的人会变年轻。这种俗信立刻传播开来，据说有的人家舍弃财宝，争着祭祀这种永恒之虫。这个故事在祭祀虫子这一点上，深藏着精灵信仰的形态，它不是任何氏族的祖灵，却表现为能给所有人福寿的形态，可以说其中包含着祖灵信仰所包容不了的普遍的信仰。这个俗信西渐而来时，葛野的秦河胜对民众受到蛊惑大为憎恶，于是惩罚了大生部多。在打破迷信的同时，也许信奉佛教的秦河胜觉得那是普及佛教的障碍吧。从迷信中醒悟的民众赞扬他、歌颂他："人说神啊神，听来也是神。却有太秦来，惩罚常世神。"虽然这样的传说不足凭信，但足以说明秦河胜是走在这个时代前面的开明家。作为虔诚的佛教信徒，他已洞见了社会的前途。现在广隆寺中他的塑像是藤原时代[51]制作的，是一个眼睛奇特地向上挑的神的形象。但我们应该记住的形象是，他是京都文化最早的先驱者。

广隆寺在京都定都之后又遭受烧毁的厄运，所以今天的广隆寺，堂塔的遗址难以确定，除了留下永万元年（1165）重建的讲堂外，再也不可能看到古代秦公寺的盛景了。然而让人亲近的、俗称**赤堂**的讲堂却遗留了下来，其中安放的承和[52]第一次再兴时的雄伟古佛便是伟大的景观。但这座寺院在那之后又历经中世、近世，却不是因为对秦公寺的信仰，而是由于人们对作为发愿者

《山椒太夫》中的国分寺，由于离摄影所很近，这间赤堂经常成为外景拍摄的对象

而被迎来的圣德太子的信仰。

今日的京都人即使不知道广隆寺，也会亲昵地说“太秦的太子殿下”。我觉得，这种太子信仰的倾向曾是秦氏在为营造平安京出了大力而衰落之后，为了寺院再兴而采取的一种策略。秦氏为什么衰落了呢？我的看法是，为了建都，秦氏倾全氏族之力，做出了巨大的牺牲，因而导致衰亡。秦氏方面也并非没有期待，也许他们想通过结交新兴贵族藤原氏并实际负责帝都的营造来达到在政治上出头的目的。实际上在平安京初期政界的实务担当者中秦氏人物的上升势头还是很猛的，但最后还是作了藤原氏繁荣的垫脚石。于是作为秦公寺来说，必须考虑新的生存方式。镰仓时代[53]兴盛起来的太子信仰被巧妙地加以利用。建长三年（1251），西大寺睿尊的弟子澄禅在寺内建了**桂宫院**八角圆堂，并将太子十六岁孝养像安放于此。柏树皮葺顶的平缓屋檐下是给人以柔和之感的檐廊。大殿内部的顶棚为八角形板顶，不用立柱，地面铺着平滑的木板。不消说，这种设计样式是受了法隆寺的梦殿的启发，但它不是庄严地立在石坛上，而是远远地置于平面上，让人觉得易于亲近。也就是说，这是庶民中太子信仰的产物。广隆寺所在的位置，现在门前有岚山电车通过，作为右京区的中心，警察、消防署等从左右两侧挤压过来，让人感到完全在受尘世的纷扰。但是太子殿下的亲切正如大阪的四天王寺那样一直鲜活地保留着。仅靠这些，本来对于维持寺院毫无用处，但是战后成为“国宝第一号”的弥勒菩萨半跏思维像现在却是掌握寺院财政的

“大腕儿”了。

与洛西的广隆寺齐名的是东山的**法观寺**。今天的寺院往往都是和城市共生的。在这一点上，这两座寺院也很相似。传说法观寺也是缘起于崇峻天皇[54]二年（589）圣德太子的发愿，而实际上却是由占据着寺院所在地八坂乡的高丽贡调使意利佐的后裔创立的。来自高丽的移民氏族曾在相乐郡的上狛、下狛创建了高丽寺，并以此为氏族的据点。而八坂乡当地被叫作八坂造的氏族则祭祀着曾是祇园社前身的神社，他们还建立了八坂寺。遗憾的是，寺院本身早已因受灾而衰亡，只留下室町时代永享十二年（1440）重建的五重塔独立于此，增添了眺望东山的情调。它和广隆寺一样都是具有古都以前的历史风貌的重要纪念物。应仁文明之乱[55]使京都化为焦土，战火将所有的文物烧毁，而五重塔却逃过战火留存下来，令人感慨唏嘘。这座塔高耸在当时京都低矮的房屋中，哪怕每天只是看上它一眼，也能成为京都市民生存的支柱吧。据说直到明治时期，塔的最顶层都建有瞭望台，可以眺望京都。因为是坊间的传说，能有多少可信度不得而知。但是据说争夺京都的军队通过迅速在塔上围起带有家徽的大幕，来作为占领京都的标识。这是广告气球的中世版，是欲抓住京都人心理的战术。这个法观寺的塔和广隆寺的弥勒菩萨像被视为“观光京都”的象征，也不是没有来由的。

位于东山通胡同深处的寺庙，现仅存塔，寺名法观寺，却不被人所知

松尾与稻荷

作为古都以前具有代表性的京都人，秦氏以太秦为中心向西向东发展。在太秦广隆寺的东方四町远的地方有一处叫作**蚕社**的森林，正如蚕社祭神被看作织机祖神那样，这里仍旧显示了秦氏的活动足迹。据说向西发展的葛野秦氏直到大宝元年（701）才因秦都里的祈请而开始供奉**松尾神社**。这个神社好像随着历史的发展显示出信仰的变化，从神殿后面松尾山落下的庄严的瀑布让古代人感受到神圣的神灵的降临。平安时代以后，祭神大山咋命被说成是贺茂别雷神的父神，于是与贺茂社发生了关系。虽然根据贺茂传说，父神已经确定为乙训郡的火雷神了，但若从同为农耕神这一点出发，将他们联系在一起，就等于同日本全国的神联系在了一起，这也是日本神的特征，即他们不单纯是氏族神。终于自江户时代[56]起，大山咋命赢得了作为造酒神的信仰。因为要祈祷水稻的丰收，所以从大尝会的祭祀来看，转行酿造御酒也是一个很自然的发展过程。总之，将神格从农耕完美地转换为酿酒这种近世产业，这被看作经营神社的一种手段。

据说在和铜四年（711），深草秦氏中的秦伊吕具创立了**稻荷神社**。我认为自秦大津父之后，这里就已经是秦氏的一个据点了，同样也在祭祀农耕神。原来是镇坐在稻荷三峰上的，后来将社殿迁移到现在的地点，据说山之巡礼[57]的起源是巡游古老的神域。原来太秦的氏族以纺织等活动为中心，生产性很强，而深草的氏

松尾神社，从岚山往西芳寺（苔寺）的路上旅游车不断

族更擅长交易。早先秦大津父在伊势地区往来经商的故事在《日本书纪·钦明纪》中也能看到，这似乎也反映了这个时期的情况。这个地方的人们利用在盆地中充实起来的生产力，在交通上占据了有利的要冲，甚至能与相隔很远的地方做交易了。这是令人瞩目的发展。然而现在稻荷神社作为商业繁盛之神大为走红，倒不是缘于这个原因。这个神社如果和当初一样一直是秦氏的神社的话，它就不能穿越历史走到今天了。平安京建立之后，它与东寺联手举行稻荷祭，将下京松原以南的商业区编入了氏子[58]区域，这才是其繁荣的真正关键。

第三章　平安京的风貌

——东寺

平安神宫，伟大的仿造建筑，比例尺为5∶8，神苑为大正时期的代表性造园

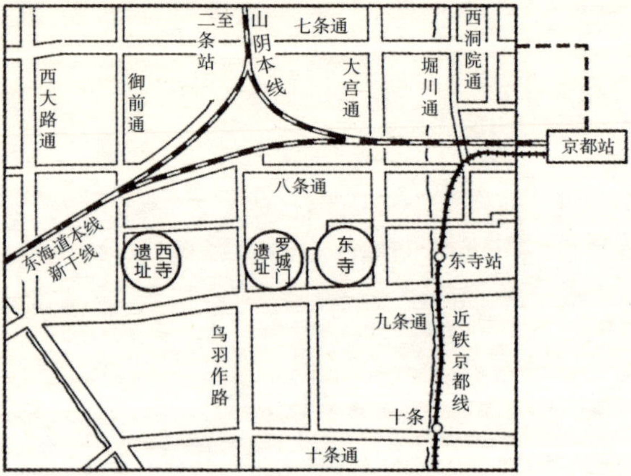

二条站
至
山阴本线
七条通
西洞院通
西大路通
御前通
大宫通
堀川通
京都站
八条通
东海道本线
新干线
西寺遗址
罗城门遗址
东寺
东寺站
九条通
近铁京都线
鸟羽作路
十条
十条通

棋盘格

最近，作为观光京都的宠儿登场的是东山观光公路。这条汽车公路完全破坏了山中仅存的大自然，因而一开始就招致众多批评。但是从山上眺望夜景却给大家提供了一个全新的、以前几乎不知道的视角。对京都那棋盘格状的规矩，我们此前本已了解得很充分，但现在因为有了霓虹灯的点缀，它便以更加色彩绚丽的形式浮现在我们面前。也许因为是从山上眺望，所以我们才真切地感受到外乡人难以明白的上行、下行、东入、西入等路径标识是多么确切。的确，京都的“古都”印象就是从街道的规矩当中体现出来的。规划出这么宏大的规矩，并依此建造都城，其政治力、经济力究竟是从哪里产生的呢?

难以抹杀的历史事实是，在华丽的天平[59]文化背后，平城京[60]的社会隐藏着许多政治矛盾，也是政治斗争和内乱的舞台。

特别是天平十二年（740）九月，在遥远的西部发生了藤原广嗣[61]之乱。乱后，发生了建都恭仁京、营建甲贺宫、迁都难波宫等事件，使国都的地位发生动摇。为了消弭政治的混乱，朝廷举行了大佛开眼仪式。但是这种不得不依靠佛教灵验的政界形势让玄昉、道镜等僧侣进一步参与政治，反而加深了政治的颓废。不久到了光仁朝[62]，因为藤原百川（式家[63]）等人的努力，朝廷摆脱危机的趋势越来越明显。继而进入了桓武朝，一个积极的方略被提了出来，这就是定都山背。

看一看这时的山背国吧。很早就将势力扩张到葛野、纪伊郡的秦氏提高了这个地方的生产力，扩大了交易圈，已经将地区性发展推进到大和的后方，令人难以忽视。再看看爱宕郡出云乡的人们，据神龟三年（726）《山背国爱宕郡出云乡计帐》载，从八位[64]勋十二等[65]出云臣真足以下十七户之内，甚至有十六户自称出云臣。比如出云臣真足，他出仕为律令政府的官人，同时也接受五町九反余[66]的班田[67]定居于此。但是如果深入这个家族内部，就会发现，这个家族共计人口41人（男19人、女13人；奴6人、婢3人），但其中已经有11人逃亡，9人在筑紫，共20人不在家。甚至逃亡者中有7人是年龄在21—52岁正当盛年的奴婢。这样看来，这个地方既处于律令制的直接影响之下，同时也最能让人强烈感受到其中的矛盾。

因此，山背成为重振律令制的迁都候选地就不那么唐突了，而秦氏也积极发起了如今天所谓的申办活动。看一看山背国的郡司阶层，纪伊、葛野郡等地大部分由秦氏占据，这就充分显示出了该国豪族的性格。他们的期待是让自己的家乡成为都城。而无论是秦朝元，还是秦岛麻吕，都是背负着氏族的舆望出现在历史中的。

延历三年（784）十一月，计划在现在的乙训郡向日町鸡冠井附近营造所谓的**长冈京**，藤原百川的侄子藤原种继被任命为造宫大夫，而他的外祖父秦朝元则是其后援。但是第二年，营建都城的中心人物藤原种继成为政治斗争的牺牲品，被暗杀了，所以终于在延历十二年（793）正月不得不中止了建设。其后，又提出了新的议案，就是在葛野郡宇太野建都。根据中宫大夫和气清麻吕的提议，任命藤原小黑麻吕为造宫大夫，并在其岳父秦岛麻吕的援助下开工了。如前所述，作为建设的前提，已进行了大规模的治水工程。这次的营造进展顺利，于延历十三年（794）十月，桓武天皇车驾进入新京，并发布迁都诏书："此国山河襟带，自然作城，因斯形胜，宜可新制"，遂将国名山背改为山城。诸人讴歌新京，异口同声曰"平安京"。

新京比平城京略大，东西1508丈（约4570米），南北1753丈（约5312米），大内在北部。一进大内正面的朱雀门，有朝堂院一郭，其中心为大极殿，是天皇听政、举行重要仪式的地方。此外，大内与官司相连。从朱雀门前向南的大路是**朱雀大路**，宽28丈（约85米），以此为中心，展开左右两京的条坊。向东西南北延伸的道路，一町见方为町，四町为一保，四保为一坊[68]。

进而人们自然会认为，原计划应在平安京周围筑起高 1 丈（约 3 米）、宽 6 尺（约 1.8 米）的罗城。但这个罗城终于没有实现。朱雀大路南端建有罗城门，成为面南的都城正门。在罗城门左右两侧建有东寺和西寺。

护国之寺

平安京是完全人为建造的城市，作为国家权力的中枢，是一座颇具政治意味的城市。城中创建的东寺、西寺与平城京的东大寺、西大寺一样，不仅具有镇护国家的意义，还进一步包括禁止私寺、管制寺院的意味。

作为王城的守护，与东寺齐名的比睿山**延历寺**[69]始于延历七年（788）最澄[70]营建根本中堂，即一乘止观院，但很久没有得到朝廷的承认，只不过是一个叫作比睿山寺的修行道场而已。由于为平瘉桓武天皇的烦恼而祈祷，天台开宗得到认可，但允许使用延历的寺号却是在最澄死后的第二年。最澄死于弘仁十三年（822）。洛北的**鞍马寺**创立于延历十五年，当时是东寺的造寺长官藤原伊势人的一处私庙。为此他自任王城的北方守护，然而直到宇多天皇[71]宽平年间（889—898）都没有得到承认。在峰延[72]作根本别当[73]时，寺院的根基才终于得到巩固。定都时创建的寺院还有延历十七年七月坂上田村麻吕[74]建造的**清水寺**。该寺于延历二十四年十月凭借太政官符得赐寺址，并得到承认。这是特例，是作为平定虾夷之功而赏的。平定虾夷是与桓武朝平安定都并列的两大功绩之一。这样看来，**东寺**的地位就很好理解了。东寺创建当初的伽蓝配置和那雄伟的堂塔充分展现了古都的风貌。正如其正确的名字叫作教王护国寺那样，作为极其富有政治色彩的官大寺，虽可承担宫廷的御修法，却不可能为民众祈祷。

新京追求政治性都市的理想，但作为市民交易场所的东西两市也试图单纯地追求都市的齐整美，所以对市民的生活几乎没做任何考虑。东寺、西寺也是一样。这里只有强烈的政治主张。正是这种情况代表了平安京的都市特征。今天的我们也是从整

东寺因中世的战乱受到损坏，但还是保留下许多文化遗产

齐划一的条坊和占据方圆两町的东寺看清了平安京的面貌。

我们站在东寺金堂旁，仰望高高耸立的五重塔，眺望南大门，回望讲堂，虽然它们都已经不是创建当初的原物了，但我们好像仍能看到那忍受了千年风雪的雄姿。这些堂塔都是在桃山时代[75]，或接近桃山时代的时候建造的（仅五重塔为宽永[76]十八年重建）。但是，说不清在哪儿，总觉得这桃山的气势与平安京创立时轩昂的气宇有某种相通的地方。比如涂成红色的金堂是庆长十一年（1606）由丰臣秀赖[77]重建的，但那斗栱却巧妙地折中了和式、唐式、天竺式等手法，且处理得毫无破绽。南都（奈良）东大寺大佛殿的手法被移植到丰臣秀吉[78]创建的京都方广寺大佛殿，并对这里的金堂产生了影响。在这种技术的传承中，东寺有某种让人联想起昔日平安京的东西。至于讲堂中的诸尊佛像，作为密教艺术的代表性作品，将森严的气氛散布于堂内，是要把我们吸引到曼荼罗的世界去吧。

我梦想着在东寺一带重现平安京。隔着朱雀大路，与东寺相对称的地方是**西寺**。西寺早已消亡，现在只剩下遗址。在其西一町的唐桥有一座仅仅继承了西寺寺名的寺院，那里也只是保存了一些古瓦。**罗城门**在朱雀大路的南端，只有一块石头柱标告诉我们它的遗迹。但是这块地方却处于平安京的中央正面，朱雀大路与鸟羽的作路（地名）相连，一直通到鸟羽的叫作草津的河港。从平安京去西国征讨叛贼、海盗的将士们都是从这个门踏上征途，又从这条大道凯旋的。嘉承三年（1108）正月，平正盛讨伐

罗城门遗址，据说有鬼出没

了在山阴叛乱的源义亲，并将其首级带回京城。那时，他是在京中男女塞满道路、人人如痴如醉的狂热欢迎下进入京城的。他们特意从罗城门外鸟羽的作路走来。五名下人持着长枪走在前面，插在枪尖上的是包裹着红色披巾的源义亲首级，上面写着源义亲的名字。身着甲胄、携着弓箭的四五十名步兵相随，后面是但马守平正盛与随从百人许共进，一派剑戟辉日、弓马连道的盛况。这就是说，罗城门就是王朝的凯旋门。他们在结束盛大的仪式之后，肯定会边向东遥望着五重塔，边细细地玩味凯旋的喜悦吧。

最近，在A报社召集的共同讨论会上，我曾与梅棹忠夫、多田道太郎、加藤秀俊三人热烈探讨重建罗城门的构想。恰逢彼时，“城”成为了重建热潮中的一个主题。各地发挥往日筑城术精髓而建造的城池表现了与当地风土和谐的造型美，突显了各自独特的个性。在中央的整齐划一主义覆盖了政治、社会、文化等所有领域的当下，只有城才是与之抗衡的地方主义的伟大象征。正如大阪城、和歌山城、熊本城等几座城所体现的那样，重建城的设想，就是使这些城成为了解这些都市历史的博物馆。于是，为了京都这个都城，一定要重建罗城门的提案终于出台了。在日本的建筑中，再没有像罗生门[79]这样广为世界所知的东西了，这都是因为电影的大力宣传。重建罗城门，就是要使其成为从京阪国道或名神高速公路进入京都的入口，使其内部成为再现王朝生活、风俗的博物馆。到了罗城门被再现的那一天，平安京一定会在这个地方复苏，迎来新京都的千年繁荣吧。明治的京都已经显示了面向观光的智慧，即将平安京宫城的大极殿、应天门的缩小模型摆放在平安神宫的社殿。再现罗城门的受欢迎程度也许会仅次于大极殿和应天门吧。

弘法大师

东寺虽是平安京的象征，却未必是属于庶民的。而它又是如何变成今天这样受人喜爱的寺院的呢？这里也有个和“太子殿下”一样的秘密。那就是“弘法大师”。只要看一看每月 21 日在东寺举办的露天庙会,马上就会明白。“初日弘法”“终日弘法”更是如此。庙会就像平面化的百货店，不仅摆满百货，而且还有百货店里没有的旧衣服和绿植；在这里甚至还能淘出国宝级的旧书。看到众多男女，无论地位高低，都在店头只问不买地走来走去，我甚至觉得，日本的百货商店反而是这种庙会的立体化呈现。

有名的东寺早市

人们觉得，在外国的百货店，无目的地只问不买是很难的。这样看来，这种乐趣倒是庙会和百货店共有的日本特色吧。从北门穿过寺院里的货摊儿，在路的尽头就是**大师堂**了。

大师堂在西院的中央，据传是弘法大师居室的古迹，里面安放着大师像。这个殿堂，还有西院的东门，都是南北朝[80]时期的建筑，柏树皮铺顶，给人一种轻盈的美，洋溢着与东寺堂塔的雄伟完全相反的亲切感。中世以后，东寺的生命一直在大师的御影堂中延续，而且已成为市民的一部分。像今天这样的庙会露天市场大概始于江户时代，但是商人以参谒者为目标而来往于寺内则似乎是从室町时代开始的。《东寺百合文书》是收藏在

参拜大师堂的路与参拜东寺的路相反，是从北门或东门进入，给人别一寺院的印象

前田纲纪公捐献的一百个柜子中的史料。东寺因为这些庞大的史料而为世人所知。这部文书包括各藩国中属于东寺的许多庄园的史料，对我们了解中世地方与京都的经济关系有很大作用。还有很多具体显示寺内日常生活的资料，极其贵重。其中有件文献显示，应永十年（1403）有一位一服茶卖一钱的卖茶人就居住在南大门前。这件文献显示了茶店最古老的形态。由此我们可知，从那时起，东寺就成为民众的寺院了。一服一钱的茶店从这时起逐渐普及市内，而其中也有用扁担挑着茶具走街串巷的卖茶人。有时从这一时代的风俗屏风上也能看到这样的情景。

第四章　京都的神社与祭祀

——祇园与北野

八坂神社西楼门

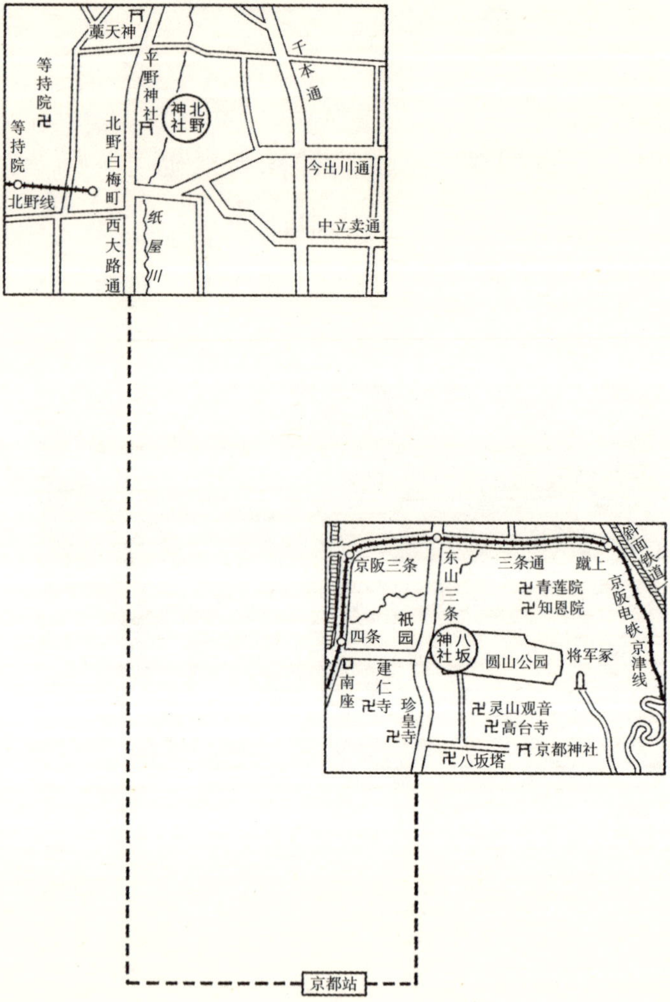
薬天神
平野神社
千本通
等持院
等持院
北野神社
北野白梅町
今出川通
北野线
纸屋川
中立卖通
西大路通
京阪三条
东山三条
三条通
蹴上
斜面铁道
青莲院
知恩院
京阪电铁京津线
祇园
四条
八坂神社
圆山公园
将军冢
南座
建仁寺
珍皇寺
灵山观音
高台寺
京都神社
八坂塔
京都站

繁荣与灾害

平安京平稳地度过半个世纪，右京的荒废越来越明显了。天元五年（982），庆滋保胤在其所著《池亭记》中写道："东之京四条以北，人无贵贱群聚，高家比门连堂，小屋隔壁接檐。"还写道："西之京人家渐稀，殆近幽墟。人有去无来，屋有坏无造。"本来平安京的条坊规矩是确定好的，但是城里还留下很多田地，特别是右京湿润，小泉散在各处，不适宜居住。于是人家从这样的地方向左京北半高处干燥的地方集中。从都市规划上来看，这的确是个失败，但应该说这也显示了现实性的发展。也可以说这是当时京都的自然形态，是居民对于强烈的政治色彩无言的反抗吧。

于是左京终于越过东京极[81]，渡过鸭川，在东山一带也能看见贵族的别业和神社寺庙了。右京也在北郊外的花园、嵯峨地区出现了同样的繁荣。市域开始向东、向北移动。这说明平安京这个人为建造的都城开始真正作为有生命的东西活动了。今天京都人倍感亲切的祇园和北野这两个神社同样位于平安京的东城外和北城外，与这个都城的活动相适应。但是在思考这些神社的特点之前,我们先看一下人口向京都集中以及与之相伴的各种现象吧。

平安京最早的市民是原本就定居在葛野、爱宕、纪伊三郡各乡的人，他们被原封不动地编入京户。如前所述，这个地方的人，秦氏出身者占压倒性多数。所以他们中的一些人也曾作为下级官僚向新京的官衙大耍经济手腕。在当时平安京周围房屋买卖的地契上频频出现秦永岑的名字。这个叫秦永岑的男子历任大藏史生、东宫史生、中宫少属等职，天安元年（857）赐太秦公宿祢姓，最后脱山城国之籍而占据右京。他是平安京政府财政方面的实务官吏，是当时秦氏出身者的典型。但新京并非永远都是秦氏的。村山修一研究了《日本后纪》等正史中的记载，发表报告说，从延历十五年（796）到仁和三年（887）大约90年间，正式编入京户的地方豪族大概有443家，其中大和国最多，可能是从旧京逐渐迁移过来的。此外，除了五畿内[82]，北自陆奥[83]，西到肥后[84]都有人迁来。从昌泰四年（901）的太政官符可以看到，播磨国[85]过半百姓都得到了六卫府舍人的身份，他们离开国郡，专称宿卫，逃避课役。这都是因为有了新的政策，即把地方豪族调到中央卫府，以期从军制上加强中央与地方政治基层组织的关系。但这已不限于豪族阶层，而是广泛地成为班田农民的动向。因为京户赋课比地方轻，非常有吸引力，所以地方上的人找各种各样的机会、理由向京都集中。这对于各国来说肯定是个重大问题，但是对于京都来说，却是带来人口增加和市中繁荣的契机。

这种人口集中的倾向必然造成对建筑用材的大量需求。一般认为营造东寺的材料都是从南郊稻荷山上运来的（这被认为是东寺与稻荷社结合的理由），但并不是谁都可以如此一般地从近郊取得用材。于是只好到离京都最近距离的丹波国的山里去找。平安京初创时期，从京都越过老坂岭，在其对面的龟冈市筱町（原筱村）大字森有一处与建都时的木工头坂上田村麻吕有关的寺址。那里叫国恩寺，以坂上田村麻吕所信奉的千手观音为本尊，中世时非常兴盛。现在已经荒废，遗迹荡然无存，仅有一些遗物留在附近相邻的寺院。但是，这个寺址的存在似乎明确说明了丹波国与平安京因大堰川[86]的木材运送而建立起来的关系。

京都西郊的梅津是大堰川木材的卸载地，这里还派驻了名为木屋预的吏人。大同元年（806）的太政官符记载道："山城国葛野郡大井河河水暴流，则沦没堰堤。远处采材，还失灌溉。"这让我们一窥利用大堰川运送木材的痕迹，同时也让我们看到，一旦下大雨，这些远处的木材砍伐也会导致河水暴涨，给田地带来灾害。总之，平安京的繁荣导致水源地区的森林被砍伐，不久又带来河水的泛滥。对于横贯京都的贺茂川也是一样。再加上对与高野川合流的水道加以改造，进一步增加了河水暴涨的机会。

平安京就这样聚集了人口，繁荣了市中。但与之成正比的是，河水泛滥的次数也增加了。律令政府采取的对策是设立防鸭河使

鸭川似乎很温和，但一旦暴怒，也是很可怕的，这是昭和九年（1934）市民的体验

等防灾机构，但也仅仅是做些疏浚河道的工作，未能充分发挥效用。很快，这些水害就给市民带来了疫病。

御灵会

平安京的疾病，除了伴随着这些洪水而来的瘟疫，还有痘疮和一种名叫“咳逆”的流行性感冒等。但是这些情况都没有被纳入政治性的社会，人们认为这都是非业[87]而死的人们的冤魂在作祟。其中奈良朝以来那些政治上的失败者的怨灵尤其让人恐惧、敬畏。因为藤原贵族，特别是北家[88]通过打压其他氏族、分支而兴起，并很快占据了摄政、关白的地位，而在这一过程中积蓄了许多不得志的人的宿怨。

在平城京，很早就有长屋王[89]、藤原广嗣，甚至还有淡路废帝[90]的怨灵了。但后来在桓武天皇时代大为活跃的是井上内亲王和废太子他户亲王的怨灵。由于藤原百川等人拥立山部亲王（桓武天皇），光仁天皇的皇后井上内亲王和皇太子他户亲王一起被废，并被流放。怨灵活动的结果是又生怨灵。在平安京，有废太子早良亲王的怨灵，因迁都长冈京的原因而发生了暗杀藤原种继的事件，早良亲王受此事件的株连而被流放，并死于淡路，后封谥号崇道天皇；有伊豫亲王及其母、南家出身的藤原夫人吉子的怨灵，平城天皇[91]即位时，伊豫亲王被以谋反的嫌疑驱逐；有橘逸势的怨灵，嵯峨上皇[92]驾崩时，橘逸势和伴健岑企图一起拥立皇太子恒贞亲王谋反，被流放并死于伊豆；还有文室宫田麿的怨灵，继橘逸势之后，被问谋反罪，流放伊豆。既然让人想起古老平城京的藤原广嗣的怨灵，那么还应加上后来延喜之世的菅原道真。

这些过去的政治暗影笼罩着平安初期的京都。为了驱散这些暗影，人们创建了御灵会。要想驱散御灵的暗影，就必须在明亮的光线下疯狂地歌舞。贞观五年（863）五月，连朝廷也在神泉苑举行了御灵会。仪式非常盛大，左近卫中将藤原基经和右近卫权中将兼内藏头藤原常行等人奉敕命监之，王公卿士赴集观之。

这里设了崇道天皇以下六个灵座，供奉花果，端庄肃穆地举行祭礼，并宣讲《金光明经》一部和《般若心经》。然后雅乐寮的乐人奏乐，天皇近侍的儿童及良家稚子跳大唐舞、高丽舞，继而杂伎散乐竞尽其能。当日神泉苑四门大开，市民可以自由出入纵览，充分展示了临时祭祀的风景。御灵会本是民间习俗，是为驱走那些作祟的普通怨灵的。当朝廷开始举行的时候，它便开始祭祀因政治事件而株连获罪的特定之人的御灵了。上文中的六个灵座，再加上藤原广嗣、菅原道真的怨灵，被叫作八所御灵。**上御灵神社**（上御灵前通乌丸东入）和**下御灵神社**（寺町丸太町下）曾是祭祀这八所御灵的地方。然而正因为这里的祭祀没有观光客的纷扰，所以是在京都市中举行的充满乡土亲切感的祭祀。

说起来，京都的祭祀可以说几乎都与御灵会联系在一起。关于三大祭，葵祭已如前述，是像王朝绘卷那样值得观赏的祭礼，时代祭是明治以后面向观光而形成的，剩下的一个就是祇园祭了。此外，北野祭、上下御灵祭自不必说，市内、近郊的祭祀也基本上吸收了这个特点。其中**今宫神社**的今宫祭是于春光明媚的4月10日举行的祭祀，在风流伞下，人们举着红毛鬼，打着钲和鼓，唱着“安乐花哟”，跳着舞蹈，驱走在花将凋谢时流行的疫病。此外在4月下旬，在壬生寺上演的壬生大念佛狂言正如“哐当当”这个爱称那样是一个用钲和鼓伴奏的哑剧，原本是与安乐祭意义相同的活动。

祇园祭也叫祇园御灵会，是御灵会的代表。关于祇园社的前

观安乐祭，在神社前品尝炙饼，即可成为王朝的庶民

身，如前所述，必须同时考虑到八坂造的定居。很明显，神社的祭神是当时以这个氏族为核心的农耕神。但是这个神社和松尾、稻荷一样，祭神的神格发生了变化。这是与八坂造氏族势力的衰退、周围都市化的发展相适应的。于是，在贞观十一年（869）瘟疫流行时，按照日本六十六国这个数，造了六十六支长鉾，送到神泉苑，用来祭祀牛头天王——据说这就是祇园御灵会之始。这个起源说作为神社传流传了下来。但是，只看日本六十六国这个数字就知道，这个传说不是完全可信的。然而，作为神社传中记载的起源说，颇有意味的是，它认为神社本身应该是在稍晚的贞观十八年（876）创建的。也就是说，在有神社之前就有了祭祀。但从禊祓之所在神泉苑来看，这个祇园御灵会的起源与祇园

社没有直接关系，是由市民开始祭祀的。祇园社正是巧妙地抓住了这种御灵信仰的大趋势而创立的。

关于**祇园社**的创始，一种说法是，牛头天王作为祇园精舍的保护神被从其初次垂迹[93]的播磨明石浦转移到广峰，之后又被迎进京都。如《廿二社注式》所述，先移到北白川东光寺，元庆年间（877—885）又被阳成天皇[94]移到感神院。感神院是神佛习合[95]时代祇园社的名号。贞观十八年（876）的次年改元元庆，所以这个记录与神社传中记载的创社年代大体接近。但是据相当于正史的《日本纪略》所载，延长四年（926）六月修行僧供养“祇园天神堂”，这件事也见于《一代要记》承平四年（934）条。从史料批判的常识来看，当采用可信度高、可视为正史的《日本纪

祇园社南面为正面，能看见八坂塔，旁边有两家茶屋，是弦歌之巷的先驱

略》中的说法。但是，我对于以这项记述中的说法为神社祭祀起源略感踌躇，所以暂且仅以字面意义来理解其中所说的供养天神堂一事。此外，在被现在的祇园社祭祀以前，被迎到京都的牛头天王所镇坐之处应是四条坊门的**元祇园梛神社**。祇园社祭祀起源还有很多暧昧不明之处。但是在祭神被确定为牛头天王之后，市民中举行的御灵会就被当作祇园御灵会吸收进神社的祭祀中了。而贞观十一年（869）祭祀起源的神社传也是在这样的形势背景下产生的吧。据《廿二社注式》载，天禄元年（970）开始举行祇园御灵会，这表明了民间御灵会转变为官方祭祀的时间节点。

御灵会在祇园社祭祀牛头天王时，显示了从八所怨灵转向牛头天王的倾向。在这一点上，相对于作为瘟神的牛头天王，菅原道真则成了最后一个怨灵。

天　神

北野的天神让京都人怀念。25日庙会那天，因为有绿植市场，所以寺院内特别热闹。如果是初天神、末天神那天，那就几乎连身子都挪动不了了。昭和三十六年（1961）7月末以前，一直由别名叫叮叮电车的窄轨电车负责将访客从京都车站穿过堀川通、中立卖运送到这里。

不消说，**北野神社**就是为了镇住左迁至筑紫太宰府、在当地忧闷而死的菅原道真的怨灵而进行祭祀的地方。据说比这还早，在元庆年间（877—884）昭宣公藤原基经为了年谷丰收曾在北野祭祀雷公，果然有了感应。就是说，北野社曾有过菅原道真以前的历史，所以我们知道，原来农耕时为了祈雨，还祭祀过雷神。古人通过雷鸣，才能知道神在天上。如果伴随着雷鸣，同时又得到了甘霖，那么天神当然就是雷神了。他既是能实现苦于干旱的农民的祈愿的神，另一方面也是带来雷击这一恐怖现象的神。古人只能把雷击看作雷神作祟。对于这一神格的两面性，农村社会和都市社会的认识自然是不同的。由于平安京这个古代都市的竣工，其市民作为新市民的意识被培育出来，但这是脱离了农村直

北野天满宫正门

北野神社，牛知晓历史

接生产的消费者的意识，是与经营都市生活的贵族的意识相通的。如果在此再加上政治失败者的怨灵这个问题，那么人们对雷神的看法马上就会从所谓的“年谷神”转变成可怕的怨灵。

为了祈雨和丰收而举行的农耕仪礼广泛存在丁世界各农耕民族之中，且都是屠宰牛马作为牺牲来供奉，甚至还用来飨宴。而在日本，直到与来自佛教的禁忌相遇之前，这种做法好像也是作为民间信仰广泛流行的。祇园社的祭神牛头天王，这个名字本身就有用牛作牺牲的意味。而在北野社，一提到天神，也会联想到牛。神路上摆着或石造或铜制的大牛，甚至传说筑紫也供奉菅公（菅原道真），但这很明显是对古老的信仰加以新的附会性的解释。我们由此可以看到在菅公以前古老的农耕仪礼中供奉圣牛的痕迹。但是这种现象不只在京都的北野社，在被命名为天神社的各国神社中几乎都是相同的。至于菅原道真的怨灵，北野社不久就把他当作儒神、当作文笔神来祭祀了。各国的天神社也从把农耕神作为祈雨的对象，逐渐变成把菅公作为祭神了。在京都距离北野社很近的西大路通，还祭祀着祭神**薰天神**。从薰天神宫这个神社名号可知，这分明就是农耕神。这里有一种都市里的村庄的感觉。

提起北野神社，人们不会忘记社藏国宝《北野天神缘起绘卷》。这是人所共知的艺术价值极高的画卷，描绘了菅原道真在秋草萋萋的流放之所捧着恩赐的御衣，吟咏着诗句“去年今夜侍清凉，秋思诗篇独断肠”的情景。此外还有《创建缘起》等好几种天神缘起。综合起来看，早在天庆五年（942），下京一个名叫多治比奇子的贱女就在自家旁边开始了北野社的祭祀，但后来出现了一个自称得到比良宫童子托梦的人，这个人就和她一起在北野经营神社。然而多治比奇子最终被排除在外，由与菅原氏勾结的僧侣独占了北野社。在这个交替的时期，好像藤原氏又增修了社殿，并将天神的性质转化为文笔神。其实同类作品中像《北野天神绘卷》这样流行的很少，这件作品的流行程度几乎可以与《融通念佛绘卷》这种出版物相比。《天神记》有建久五年（1194）的书写年号，所以被认为是最古的文本。在《北野圣庙缘起》（建保本）、《北野天神缘起》（弘安本）之后，著名的有《松崎天神缘起》（应长本）、《荏柄天神缘起》（元应本）等。此外，

《津田本天神缘起》(永仁本)等地方上的天神社所藏“缘起”自南北朝起到整个室町时代有十余种之多，甚至还出现在奈良绘本和扇面画上。这也说明这种“缘起”在地方生活方面也发挥着某种作用。如果让我来说，这就是纯粹的天神——农耕神转换为有了闲暇的农村文笔神——菅公天神的明证。

北野就这样成了全国人民喜爱的神社。丰臣秀吉太阁也在该社所在的松原举行了大茶会，这不仅仅是因为这里距离聚乐第[96]很近，还因为这里是收揽人心最合适的地方。由于这个缘故，丰臣秀赖建造了留存到现在的这间社殿，它因独特的八栋造式屋顶而闻名。

北野神社和祇园神社分别在京都的东边和西边，但在当时都位于离平安京稍有距离的郊外，都同样是始于农耕神祭祀的神社，而一个发展为祭祀瘟神牛头天王，一个发展为祭祀人格神菅原道真。而且在发展过程中，在祭祀方面都产生了很有特点的御灵会。御灵会的成立都与近郊的城市化发展相适应。正如北野有叫作西京七保的直属神人[97]町那样；在祇园，神社也有对周边地区拥有检查审判权的保。既有以北野社为本所[98]的酒曲座，也有以祇园社为本所的棉座等各座。这些座[99]对于中世京都的商业发展起了很大的作用。那些被称作町众的人们很多也是座众。这两座神社是一对既有亲近性又有对照性的存在。

第五章 王朝历史漫步

——嵯峨野、宇治、大原

御室一词也透着雅致，是野野村仁清和尾形乾山出入的御室御所

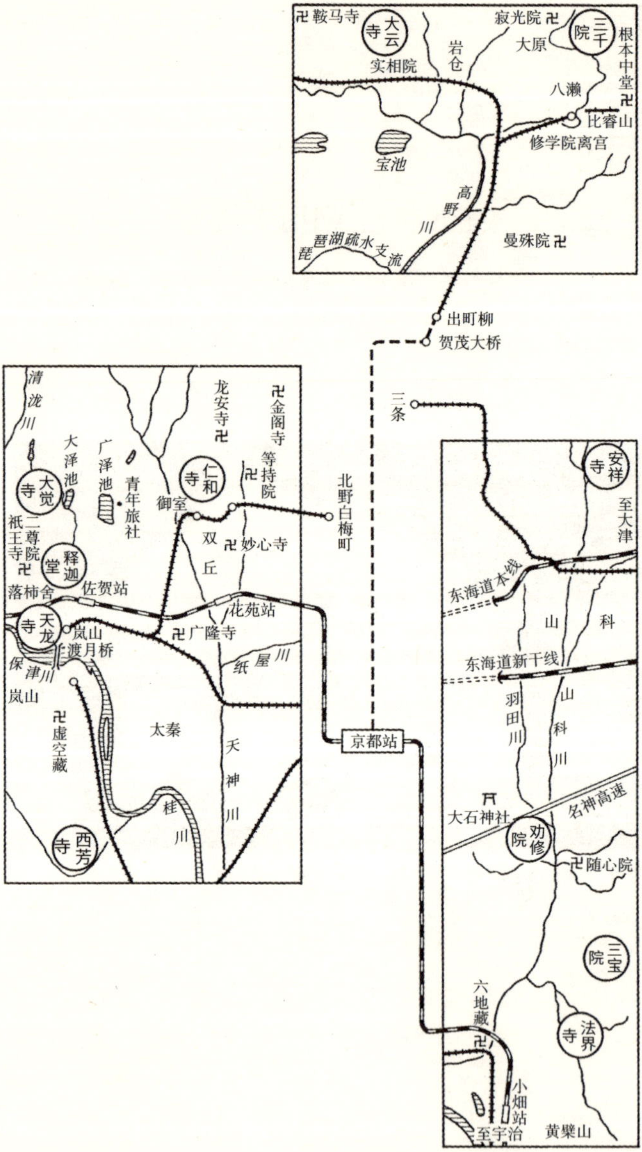
鞍马寺
大云寺
寂光院
三千院
根本中堂
岩仓
大原
实相院
八濑
比睿山
修学院离宫
宝池
高野川
琵琶湖疏水支流
曼殊院
出町柳
贺茂大桥
三条
清泷川
大泽池
广泽池
青年旅社
龙安寺
金阁寺
等持院
仁和寺
北野白梅町
御室
大觉寺
祇王寺
二尊院
释迦堂
双丘
妙心寺
落柿舍
佐贺站
花苑站
天龙寺
岚山
渡月桥
广隆寺
保津川
纸屋川
岚山
虚空藏
太秦
天神川
桂川
西芳寺
京都站
安祥寺
至大津
东海道本线
山科
东海道新干线
羽田川
山科川
大石神社
名神高速
劝修院
随心院
三宝院
六地藏
法界寺
小畑站
至宇治
黄檗山

从御室到嵯峨

除了通过物语、画卷等来了解之外，即使在历史名城京都也不容易看到王朝贵族的生活了。我们只能略微看到一点他们营造的寺院和别业等建筑的遗迹，而且还不得不到郊外去寻访。虽说是郊外，但现在乘坐电车、公共汽车等交通工具也就半个小时左右，而在昔日王朝时期，却是一天左右的行程。

从北野社向西，在北野白梅町坐上岚山电车，途经以足利氏的菩提寺闻名的**等持院**、以石庭著称的**龙安寺**、一提到花园便让人想起禅苑的妙心寺等地，便来到位于洛西游览线路中心的御室**仁和寺**。这些寺院都是中世建造的，一想到此，就会觉得从向东发展的京都到御室有相当长的道路阻隔。**双丘**的形态很有趣，是从都城过来的路标。它的南边是一片自古就有的郁郁苍苍的森林，叫作常盘森林，最近逐渐变成了住宅区。但在它的北边，宇多天皇为了给先考光孝天皇[100]祈祷冥福而建造的就是这座仁和寺。这座寺院落成后成为他自己的御所，其后更因历代法亲王[101]入住该寺而被命名为御室。穿过巨大的山门，里面展开的是宽阔的寺院，国宝五重塔立刻从右侧映入眼帘。左侧是著名的御室樱林，晚开的樱花留下惜春的叹惋。现在的金堂、御影堂是宽永十四年（1637）将桃山时代皇宫的紫宸殿、清凉殿移过来后形成的，其他的伽蓝是因东门福院（德川秀忠之女和子）的关系，由德川家光捐建的。虽然看不到王朝遗留下来的建筑，但继承了其传统的、柏树皮铺就的、舒缓而倾斜的屋顶，有鲜亮格子窗棂的回廊，以及带有板门的宫廷建筑，使人觉得非常符合这座被称作御室御所的寺院的特点。

在这御室的周围相继建有四座寺院，即因圆融[102]、一条[103]、后朱雀[104]、后三条[105]等天皇的敕愿而建造的圆融、圆教、圆乘、圆宗四寺。现在已经无迹可寻了。在双丘甚至还有一个清原夏野[106]的山庄，后来在天安二年（858）变成了寺院，叫双丘寺，但是大治五年（1130）又变成了**法金刚院**，是待贤门院[107]的御愿寺。直到今天，当时的本尊仍原封不动地静静留在那里。在本堂的背后，还能看到山庄时代苑池的遗迹。要是再搭上一个**鸣泷**，可以说真就是王朝梦的遗迹了吧。

来到**广泽池**，离秀丽的爱宕山更近了，也能更加强烈地感受到嵯峨野的气息了。那座把倒影留在水面的山叫遍照寺山。据说御室主人宇多天皇之孙宽朝僧正在这一带建了遍照寺，这个池塘也是模仿洞庭、西湖建的，的确很有王朝林泉的风格。再向西北走，就到了因嵯峨御所之名而被人亲近的**大觉寺**了，这里曾是嵯峨天皇的离宫嵯峨院所在地。自从贞观十八年（876）恒寂法亲王[108]开基改为寺院之后，这里就和御室一样变成与皇室关系很深的门迹寺院[109]了。镰仓时代末期，这里又成为被称作大觉寺统的历代天皇的御所。在这里还曾进行了南北朝的和谈。寺院旁，与广泽池齐名的**大泽池**也将嵯峨院苑池那古老的身影留了下来。

大觉寺的殿舍是延宝年间（1673—1681）后水尾[110]法皇[111]赐的，所以弥漫着从桃山到宽永时期的宫廷气息。特别是各室的拉门画描画了金地浓彩的牡丹、红梅、柳松、松鹤等，据传这些画的作者是元信、山乐等人，所以这里的殿舍给人很强的桃山文化之渊薮的感受。在京都，总是能从王朝的遗迹中看到桃山、宽永的遗产，而且绝不是不和谐的。这一现象本是出于后水尾天皇等捐建者的热切心愿，而其相互协调则应作为另外一个问题来考虑吧。窃以为，京都的桃山、宽永文化在其根底就已经蕴藏着对于古典的深切憧憬。特别是宽永，那是一个当时的经济实力拥有者——上层町众——在与公家[112]交游时绽放出独特的文化之花的时代。从当时障壁画的数量可以看到大和绘的复兴，从当时流行的谣曲可以看到对于古典的关注。这样的社会氛围使这个时代的文化遗产与王朝的遗迹相契合。如果宽永这个时代没有带来这样的文化遗产，真不知道我们的王朝历史漫步该是多么索然无味啊。

在从前的嵯峨院西边有左大臣源融的山庄栖霞观。源融也被

嵯峨院中少有人气的释迦堂，古时也曾是三国世界观的大本山

称作河原左大臣，在京都靠近六条河原的地方拥有一座移入了奥州盐釜之景的池亭。栖霞观将嵯峨的风物悉数揽入山庄。后来改作寺院，叫作**栖霞寺**，以阿弥陀及两胁侍三尊巨像为本尊。平安时代中期入唐的东大寺的奝然上人请来天竺、唐、日本三国传来的释迦像，安放在这个寺里。其高徒盛算为释迦像造立释迦堂，遂称**清凉寺**。三国传来的释迦像后来受到人们的关注，很快就出现了许多仿制品。随之清凉寺的名声逐渐远播，盖过了栖霞寺。就是说，现在的嵯峨清凉寺，**释迦堂**是本堂，但实际上阿弥陀堂才是栖霞寺的本堂。这个寺院原原本本地呈现着王朝的历史，有着它应有的地位。从前因谣曲《百万》而为世人所知的嵯峨大念佛的风流遗迹也能从寺藏的诸多方面看到。

从释迦堂门前向两侧伸展的柏油路还留有乡土的气息。沿着这条路向南走，经过龟山殿故地**天龙寺**，就到了渡月桥。途中有向西的路，是去**野宫**的。那是担任伊势神宫斋宫[113]的内亲王一年中斋戒沐浴的地方，在《源氏物语》“贤木”卷中也有描写，小柴垣围着黑木鸟居，现在仍有从前的影子。周围静静的杂木林里建有光源氏曾经造访过的斋宫的殿舍。从这里再向西，因向井去来[114]的俳句“唤声柿主人，树梢离得近，岚山风劲吹”而闻名的**落柿舍**、很适合法然上人庵住的二**尊院**、倾诉着《平家物语》的悲哀的**祇王寺**等寺院分布在奥嵯峨的周围。不久再回到渡月桥，伫立在掩映着龟山绿影的大堰川旁，不禁想起《梁尘秘抄》中今样[115]的一节。嵯峨野曾是王朝的飨宴之地。

兴宴嵯峨野，鹢舟、筏师、红叶流。
山阴风筝响，无异净土游。

从醍醐到宇治

王朝人生活的轨迹在向京都的西北和东南延伸，很有对比性。这主要是因为东北的比睿山和流经西南的大堰川阻断了它们各自发展的方向。就是说，与西北的御室相对照的是东南的醍醐寺。再往前走，与嵯峨相对照的是宇治。如果去那里的话，王朝人面对着破开山间峡谷流向盆地的保津、宇治的流水，游乐也变得更加丰富了。

要想去往醍醐寺，需要乘坐从京阪电车三条站经由山科的公共汽车。从京津国道一穿过东山，就看到山科盆地从日冈一带向左右展开，同时也能看到一排新的房子。虽然是京都市内，但山科却是一个近郊农村和卫星城相混合的、略显不协调的区域。在山科的中央能看见中世以来就知名的**山科本愿寺**别院的大屋顶。**安祥寺**沿着北山耸立，知道这里的人不是很多。这座寺院是由嘉祥元年（848）藤原顺子发本愿、慧运僧都开基建造的。据说最盛时拥有大门、大塔、金堂以及七百余间堂舍。藤原顺子是打下了藤原氏北家兴盛的基础并长期被尊为家祖的藤原冬嗣的女儿，是仁明天皇[116]的皇后、文德天皇[117]的生母。正是因为藤原顺子，藤原氏才作为天皇外戚，走进政治的核心。作为藤原顺子本愿的寺院如此发展，意味着其后藤原氏的隆昌。但是从今日的安祥寺已经无法想象它在王朝时期的面目了。江户时代末期重建的本堂、地藏堂、祖师堂等只不过还保留着荒废的状态而已。带来这些重大转变的是应仁文明之乱。之后，王朝的遗迹大多通过桃山、宽永的遗产得到了重生，然而这个寺院终于丧失了机会。原来的寺院是在东北方更靠里、现在的毗舍门堂一带。**毗舍门堂**原本在洛北出云路，祭祀着延历时期最澄自刻的雕像，但后来在宽永五年（1665）辗转迁移到这里。虽然寺院在这里，却也已看不到王朝的历史了。

但令人失望的还不仅这些。从山科南下，就到了**劝修寺**。这里是醍醐天皇[118]的母后胤子的娘家大领宫道弥益的住宅遗迹，还遗留着一个苑池，给我们留下一个池泉舟游的遐想。由于醍醐天皇的敕愿，延喜四年（904）变成寺庙，成了具备御愿堂、千手堂、钟楼、经藏等殿宇的伽蓝。文明二年（1470）遭兵火烧毁。但幸运的是，元禄十年（1697）明正天皇[119]的旧殿被迁来作了该寺的宸殿、书院。明正天皇是后水尾院[120]之妻东福门院所生的女儿，其治世处在后水尾院的院政[121]之下。从此，虽然有了书院造[122]这一新的建筑样式，但从高低搁板典雅的匠心、土佐派的拉门画等仍能感受到那个贯穿了宽永时代的王朝。劝修寺在横贯山科盆地的山科川的西边，依山而建，但**随心院**却在河东的小野。这座寺院是宽仁二年（1018）仁海僧正建立的名刹曼陀罗寺的后身，也是在应仁之乱时被烧毁的。其后于庆长四年（1599）重建了本堂。宽永、正保年间（1645—1648）建了总门、玄关、书院等，完善了寺院的设施。因此这里也弥漫着与劝修寺相通的王朝气息。

醍醐寺始于元庆年间理源大师圣宝在醍醐山上建立的准胝（提）堂、如意轮堂，不久如寺名所示，根据醍醐天皇的敕愿，于承平元年（931）建成了山上、山下的殿舍。现在京都最古的建筑五重塔是于天历六年（952）供养于此的。昭和三十六年（1961）解体大修，并为研究提供了许多资料。据说由于前些日子的第二室户台风[123]，五重塔倾斜了 3 度多。忍受了千年风雪的古塔解体大修后不足一年就发生了倾斜，似乎可以说古老的技术里面隐藏着某种秘密吧。其他殿舍悉数毁于应仁之乱的兵火，庆长年间（1596－1615）由丰臣氏重建。

三宝院是桃山时代书院的典型。室内画有松柳图、秋草图的拉门与曲折的苑池、豪放的组石相映照，颇有殿舍与庭园融为一体的情趣。连接两者的泉殿虽然添加了许多王朝寝殿造[124]的要素，但据说很久以前泉殿就被当作乐屋，在书院三之间上演了能剧。面对古典的世界，我们大发怀旧之情。但是如果来到日野法界寺，那么我们自然而然就会被带进净土教的世界。

所谓**法界寺**，就是指“日野药师”。在京都，他的名声很好，以送乳信仰[125]闻名。永承六年（1051）日野资业在原本是藤原

醍醐寺三宝院，与丰臣秀吉有很深的渊源，留下桃山时代代表性的造园遗迹

日野净土一带,《方丈记》作者鸭长明曾逃离京城，闲居于此

氏一族日野家山庄的所在之地创立了菩提寺。关于这个寺院的创始还有种种传说。一般认为，日野的远祖藤原家宗在弘仁十三年（822）带着建立戒坛的旨意登上比睿山时，从传教大师那里接受的大师自作的七寸药师如来小像便是日野的本佛。但是也有人认为这个时候创立寺院有些勉强，仍应将其看作关于本尊的一个传说。能够确定的是，在日野资业出家时，这里是建立在别业上的道场。若结合前面的传说来看，那么当时为了安放胎内纳有祖先传下来的小像的药师像，便先建立了药师堂。[126] 这个药师堂很快就消失了。明治末期，大和传灯寺的本堂被移到这里，复兴了寺院。而其本尊日野资业造立的像则被认为是秘传。由于这位“药师”，信仰才传播给了普通人，但现实是从创立当初起，随着净

土教信仰的盛行，重点似乎就被放在了阿弥陀如来像和阿弥陀堂上。据传阿弥陀如来像是定朝的作品，是一尊与平等院凤凰堂大体同样样式的丈六像，身负圆形飞天光的光背，保持着永恒的静谧端坐在莲花座上。以这尊像为中心，堂内顶棚小壁装饰着乐器、莲花等与供养天人、菩萨一起飞翔的壁画。不消说，这是在描画净土的情景，较之凤凰堂，这里更具有朴素和令人亲近之感。

一旦从日野回到山科街道，经过石田，穿过长长的竹林，就到**木幡**了。这里是古代的交通要道，《万叶集》唱道："山城木幡里，远眺起相思。虽有奔马急，君却徒步来。"[127] 这里也是因《古事记》中应神天皇和木幡少女的爱情故事而闻名的传说中的土地。但这里最能打动王朝历史漫步者之心的，却是藤原氏历代的墓地。现在，从御藏山的斜坡到黄檗的连丘，零零散散地分布着与小树林相伴的土坟。这里是宇治陵，都是不知墓主是谁的坟墓，里面还有皇妃的陵墓。当时为了这些坟墓的三昧供养，藤原道长建了一座名为**净妙寺**的堂塔。现在那处寺址已经变成村人的墓地。在从这里经黄檗宗的本山**万福寺**去往宇治的漫长道路上，两旁全是茶林，正是那首著名的采茶歌"一出山门见日本"中所描绘的景象。

宇治作为游乐场的历史更加久远，始于据说曾是应神天皇离宫的**宇治神社**。这座神社由一个据说是皇子菟道稚郎子的生母——宫主氏——后裔的富有家族代代祭祀。虽然应神天皇是传说中的人物，但大化二年（646）架起的**宇治桥**无疑说明这个地方作为交通要冲，其发展历史却是很早的。桥的西侧面向上游

“浼浼横流，其疾如箭。修修征人，停骑成市。欲赴重深，人马亡命。从古至今，莫知航苇。”（出自宇治桥断碑碑文，作者不详）

处有一个一间大小的凸出部分，被叫作三之间。人们把这座桥看得很神圣，还在这里祭祀桥姬神。但在近世，这里又加进了新的传说，即丰臣秀吉太阁开大茶会时是从这里打的水。作为《源氏物语》中宇治十帖的舞台，浮舟、桥姬的名字让人倍感亲切。而把王朝的身影、优雅无比的风韵留在这些传说和文学中的正是平等院凤凰堂。

最好是穿过一家家卖宇治茶的茶店走到**平等院**的正门。宇治桥的东畔是自古以来就因能狂言而出名的通圆茶屋。从茶屋的旁边，经过以断碑闻名的**桥寺放生院**和祭祀应神天皇、宇治稚郎子、仁德天皇的宇治神社，顺便来到曹洞初开道场**兴圣寺**，欣赏一下琴坂的枫叶，然后在石门前乘上渡船，虽没有济度到彼岸的洒脱，却也别有一番风情。河的西面，那座松林覆盖的小岛叫**浮岛**，上面高高耸立着十三重塔。这座石塔是弘安九年（1286）西大寺的睿尊在重建宇治桥时造立的。睿尊为了禁止杀生，念愿停止使用捕获小香鱼的鱼梁，最后终于实现了。在那以前，鱼梁作为宇治川的一景广为人知。在河流的这一带，无论是谁都会想起《平家物语》中著名的佐佐木和梶原争先锋的故事，那座“宇治川先阵之碑”就在浮岛的北洲。从这条河的中段，以十三重塔为借景来远望宇治桥，景色是最美的。不一会儿，渡船就停在了平等院前的堤岸边。

跨过防波堤，就是我们盼望已久的**凤凰堂**了。翼廊向左右，尾廊向背后展开，凤凰堂在池塘西边展现出一幅优美的姿态。如果正巧正面的门开着，那么就能从格子上方开成圆形的小窗瞻仰本尊阿弥陀如来的慈颜。从前有很多人不是直接进入被喻为极乐净土的堂内，而是这样隔着池塘远远地祈求弥陀的降临。不消说，平等院是藤原赖通建立的。他继承了其父藤原道长以来的别业之地，并弃之为寺，永承七年（1052）供养本堂，翌年造立阿弥陀堂，即凤凰堂。藤原道长造立的御堂和法成寺已完全废弃，原来在寺町通荒神口、鸭沂高中所在地，现在也只是报告说出土了遗瓦而已。非要说有什么的话，那么曾经位于御堂东北角的**东北院**因为与谣曲《东北》有关，被迁移到吉田山的真如堂的旁边，算是留下了孤寂的身影。一想起这些就觉得，作为摄关政治[128]鼎盛时期的遗迹，这个凤凰堂的存在实在太珍贵了。

本尊阿弥陀如来是佛像工匠定朝的代表作。在八角九重的、壮丽的莲花座上，静静地结定印而坐，目光微俯的、圆满的相貌中充满对众生的慈爱。衣纹雕得很柔和，优雅的趣味自然而然地弥漫在周围。光背是飞天光，火焰中现出飞行的天人，与堂内四周的顶棚窄墙上的五十一躯云中供养佛相呼应，让人觉得整个殿堂仿佛就置身在宏大的交响曲中。上折小组格顶棚内，螺钿散嵌在漆上，装饰丰富华丽，连同从堂内顶棚垂吊到本尊头上的华盖都是精品。堂内四周的门和板壁上，分别画着九品阿弥陀来迎图。除了东面中央一间的两扇门上的上品上生观[129]是宽文年间（1661－1673）新画的以外，其他图都显示了大和绘的极致。它们和被置于图形上方方形纸上的、用平安时代隽秀的日式风格书法抄写的《观无量寿经》经文一样，都是藤原时代具有代表性的作品。

看罢日野法界寺的阿弥陀堂之后来到这间凤凰堂，我们会为其豪华而惊叹。虽然是相同时代、相同思想下的建筑，但它们却有着天壤之别。这充分说明虽然同为贵族，但被称作“天下之地悉为一家所领”的摄关家与一般贵族的经济实力不同。凤凰堂是平等院的代表，其他建筑如观音堂则呈现出平安末期的样式，本尊十一面观音立像也是非常优秀的作品。平等院由最胜院和净土院两个寺院管理。**最胜院**里，桃山时代雄伟的玄关给那些只满足于藤原时代的眼光以新的刺激。**净土院**中有个

凤凰堂内，王朝艺术的巅峰

养林书院，虽说是伏见城的遗构，但那宏伟的藤花透板雕楣窗让人赏心悦目。这一建筑群与凤凰堂也绝不是不和谐的。

回到宇治川河堤，沿河登约十町，再沿右手山路行四五町，就到了一处宛如中世隐居之所的安静村庄，叫作宇治白川。这里曾有藤原赖通的一处与平等院齐名的别业，是其女、皇太后宽子居住的地方。康和四年（1102）又在此造立一寺，名**金色院**，据说以金色点缀殿堂。而今仅留下总门和地藏院的小庵，里面还保存着旧佛像。在有数的几尊古佛中，属那尊举右手、垂左手、呈现来迎相的阿弥陀如来立像和捧莲台、立左足跪坐的观音坐像给人印象最为深刻。这就是金色院的本尊吧。原本镇守此处的**白山神社**创建于久安二年（1146），拜殿的木札上留有建治三年（1277）的建筑记录。这座建筑体现了稳重的住宅式风格，给人与周围静谧的自然相融合的感觉。可以说这是一处与王朝历史漫步最后一站非常契合的所在吧。

洛北之路

比睿山耸立的京洛东北，与其说是贵族的别业之地，倒不如说是被称作天台三千坊的延历寺留下其强势印记的地方。松崎、一乘寺、修学院[130]也都一样。至于说到八濑，早先是因为其山门，后来则是因为它是宫中大丧时为其提供驾舆丁的村子，所以这里的人们至今仍被叫作八濑童子。也许你会联想到《御伽草子》中的酒癫童子吧。而这个村子的人们自认是鬼的子孙，还到处炫耀。童子真正的意思是为僧众服务的杂役，所以表现出从属的身份。再往前进入大原，就离山麓更近了，佛土的氛围自然也就更浓了。不只是比睿山，甚至鞍马、贵船、花背，也都是那些具有虔诚信仰的王朝之人抱着憧憬眺望的地方。王朝时代，那一带有很多为进入遥远的弥勒之世而建造的经冢。

在这样的洛北，大原的**三千院**作为比睿山的别院于贞观年间（859—877）由承云在比睿山南谷创建，应德三年（1086）迁到大原，其后虽也曾变更寺址，但在应仁之乱以后又迁了回来。威严的围墙外面又围上一圈高高的石墙，不禁让人想起山寨。在京都，无论是妙法院还是青莲院，无论是曼殊院还是实相院，天台的门迹寺院总是尤其让人想起僧兵的城寨。至于三千院，其实残留在院内的**往生极乐院**本堂更有魅力。从三千院本堂看去，隔着庭院，木瓦葺顶、三四间大小的单檐歇山顶式殿堂静静地伫立在杉树林中，颇有古朴的美。进入堂内，首先映入眼帘的是大殿内极其罕见的船底形状的天花板，下面是本尊丈六的阿弥陀如来坐像，身旁为两胁侍。坐像安置在镶嵌着螺钿图案的低矮的须弥坛上。三尊佛为来迎相，右边的胁侍观音手捧莲台，左边的势至合掌，仿佛捕捉到从动到静的接引瞬间。势至像胎内有墨书，可知为久安四年（1148）造显。站在这里，我总是想起宇治白川旧金色院的佛像。金色院的如来是立像，胁侍观音立一足，而极乐院则是双膝并坐。大概是年代相去不远吧，似乎都在凝视着那些一味祈求个人救渡的王朝贵族的心。对于末法的恐惧出现在日夜不安的社会，肯定更加激起人们对于净土的欣求。关于这座极乐院的主人，早先被认为是惠心僧都之女安养尼，最近则普遍认为是中纳言藤原实衡的未亡人真如房尼。这么说来，殿堂里散发着女性的温柔。而这似乎不仅仅是因为其中仅存的彩色柱子和横木板条。

从三千院向上连登带爬，约三町远的地方就是**来迎院**。一到这里，你就会深切地感受到在大原创造的一方净土。这一带叫**鱼山**，是大原声明[131]的发源地。溪谷的名字叫吕川或律川。据

即使同样欣求净土，往生极乐院仍萦绕着失宠的女人们的冥想

说来迎院本为慈觉大师创建，嘉保元年（1094）由以融通念佛知名的良忍（圣应大师）再兴。圣应大师庙在本堂的后面。**胜林院**的阿弥陀堂也离得很近。于是极乐和来迎俱存的净土教世界就位于山门之下，这仿佛在告诉我们天台教义的广大。三千院西十町左右，就是因大原御幸[132]而闻名的**寂光院**。这里也是让人想到寂光土[133]的庵室吧。

现在我们在宇治、大原等地体味到的净土教的印象可以说正是笼罩京都的宗教氛围的焦点之一。京都有如此众多的寺院，不仅禅林寺藏《山越阿弥陀图》、知恩院藏《阿弥陀二十五菩萨来迎图》等名品闻名遐迩，甚至当时名为“迎讲”的、模拟阿弥陀如来来迎接引的练供养[134]，现在每年秋天十月仍会以迎摄会的形式在东山泉涌寺内的即成院举行。净土教与不久后出现的禅是形成今天京都宗教氛围的椭圆形的两个焦点。

从大原回来的路上，我想顺道访一下**岩仓**，于是乘坐睿山电车在宝池站换乘鞍马线。这一带还留有**小野**这个町名，自古就是赏雪名胜。现在，由此向北还有很深的雪。电车将到三宅八幡前了，然后是岩仓。京都人不太喜欢去岩仓。这和东京人不爱去松泽一样，因为岩仓有精神病院。也许是因为这个缘故吧，岩仓不太为人所知。所谓岩仓的精神病院并不是一所大医院，而是三四所，也就是说这里是精神病院的集落。

晚秋的一天，我带着学生们去参观岩仓的**实相院**。这是园城寺下面的门迹寺院，是享保五年（1720）所赐东山天皇[135]中宫[136]承秋门院的旧殿，虽也拥有大量近世京都狩野派的障壁画，但今天只有实相院管理的大云寺才是历史漫步的目的地。自古以来作为岩仓的观音而被人信仰的这座寺院是天禄二年（971）由沙门真觉创建的，永观三年（985）冷泉天皇皇后昌子内亲王立观音院，安置了金色六观音。余庆权僧正[137]住持这里以后，寺运大昌。据说皇后向观音祈祷实际上是为了脑病的痊愈。从那以后，中世之时，大云寺的数处宿坊因为聚集了远近而来的那些得了同样疾病的信徒而成为重要的保健疗养之所。特别是贵族社会为了飞黄腾达而展开的竞争异常激烈，所以出现了很多丧失希望、失魂落魄的人，而且近亲结婚也带来了同样的恶果。岩仓的这尊观音集合了那些人的信仰。到了近世，《好色一代女》的主人公四处游历，最后做了尼姑，回到京都，抱着对后世的祈愿拜谒了被唤作“都城净土”的岩仓大云寺，看到这里的五百罗汉，想起已经成为故人的昔日熟客，恍如梦中。做讲解的执事告诉我们，从井原西鹤的小说能读懂自古以来大云寺所具有的特别信仰。这么一说，我也明白了井原西鹤把主人公最后的舞台设在岩仓的有趣用意了。这且不表，看看现如今的医院，的确是沿着去往大云寺的道路建了一排排的病房，一看便知这是曾经的宿坊转变后的身影。据说六处宿坊变成了四所医院。

现在大云寺仍在举行“御熏会”，这是一个在大门紧闭的本堂里进行的、烟雾熏得人几乎窒息的法会。听说这也叫烟浴。被称作法师的二十家人往长柜里灌满烟，然后搬到御所，驱散

从前大云寺本堂所在的位置现在是一所老年人保健设施

御所中的邪气。原来肯定是一种为了驱离附着在信徒魂魄上的魑魅魍魉之类的东西而用柴薪烟熏的巫术。但是现在在举行法会的堂前已经建起装有现代设备的钢筋混凝土的病房楼，这真是奇异的对照。特别是从外面也能清晰地看到每个窗户的内侧都镶嵌着可怕的铁格子，真是让人心酸。与王朝时代不同，现代发达的科学压倒了人们脆弱的精神，众多的精神异常者被送到这里。“御熏会”和铁格子，这是绝不相融的古代和现代的对照。完美连接古代和现代是京都特有的风味，但在这里却成为完全对立的、异样的隔绝。这虽然体现了京都式的对照，却不符合京都式的融合。但是究竟有多少人能从铁格子中被解放出来呢？究竟有多少人能通过电击找回自己的魂魄呢？我对现代医学抱有不安。我在历史漫步的最后，看到了自王朝以来从未改变的现代的阴影。为了人类心灵的安宁，我觉得没有铁格子的王朝宿坊、没有电击的宗教救赎还是有些魅力的。

第六章　京都之内的迁都

——南北白河

一千零一尊佛像是京都、奈良的佛像雕刻者共同协作的成果，其中也有湛庆的作品

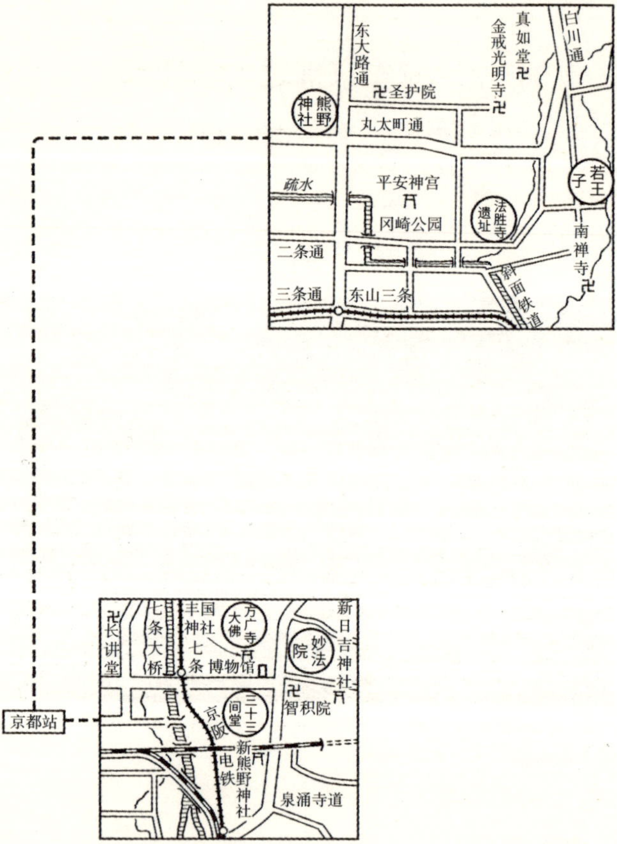
东大路通
真如堂
金戒光明寺
白川通
圣护院
熊野神社
丸太町通
平安神宫
疏水
冈崎公园
法胜寺遗址
若王子
南禅寺
二条通
三条通
东山三条
斜面铁道
京都站
长讲堂
七条大桥
丰国神社
方广寺大佛
新日吉神社
妙法院
七条
博物馆
智积院
三十三间堂
京阪电铁
新熊野神社
泉涌寺道

京、白河

在京都的各个町，白川女[138]从白川来了，大原女从八濑街道来了，名为畑姥的梅林的女人从周山街道来了。据说古有桂女向禁中献香鱼，现在已经没有了。近些年，包括从上贺茂来卖酸茎的，有很多从近郊来卖东西的女人。这些女人都套着藏青色棉护腿、棉护肘，围着三副围裙，风俗略有不同。她们成了访问京都的人们的期待。这些卖东西的女人在京都走街串巷究竟是从什么时候开始的呢？

白川女带来白川里的花。据说她们听从王朝的三善清行[139]的劝说，向御所献花。大原女给京城运来柴薪。她们让我们看到跟随在建礼门院[140]身边的阿波内侍（保元之乱的主角信西[141]之女）砍柴的形象。无论是从前还是现在，这个女院的悲伤故事都打动了许多人的心。畑姥头上顶着袋子，里面装着梯子、马鞍架

京城町中的白川女

之类的东西来卖。相传这起源于承久之变[142]时，当时公卿们大多躲在梅林里，所以村民们头顶装着大米的袋子偷偷运过来。这个起源传说很难让人信服，但若把这个故事大体置于从古代末期到中世初期的时代里，却也不能一概否定。在这样一个变革的时期，近郊村子里的女人们或许也是鼓足了勇气才出来经商的。当然一开始是将生产品作为公事（年贡）奉献给御所和公家府邸的，但到了中世，京城里也出现了很大变化。

古代末期，京都从一个冷漠的政治之都“平安京”，逐渐开始出现向单称一个“京”字的、容易让人亲近的商业城市转变的迹象。从京东边的室町和西洞院之间穿过的南北向道路被起名为“町”，因两侧的店屋而充满活力。“町”的本义是“间道”，就是被田间小道围起来的田块。甚至连京师的坊、坊被四等分后的保、保又四等分后形成的一町见方的町，也都是“町”。按京师制度，“町”是指四周被道路区隔的地域，但在这里使用的是其本义，即间道，是对夹道两侧的称呼。特别是这个町的通道与东西向大路相交差的地点，即四条町、七条町等，都已成了商业中心。早在《大德寺文书》所收久安六年（1150）的地券中就能看到有四条町的卖皮革制品的货摊儿“切革坐棚”。考虑到这个从都城向町变化的过程，我们可以认为，身负禁里供御人之名的人们不单单供应宫廷，其中一些来自近郊农村的人似乎取得了销售鱼贝的特权，开始向行商转化了。中世末期到近世肯定是她们最为活跃的时期，而传说中所说的起始年代似乎并不完全荒诞无稽。

这些女人当中，白川女离京最近，所以更具亲近感。而在京看到头顶梯子、马鞍架的畑姥的情况却是极其少见的。卖花的白川女在初一、十五等特别日子的早晨一定会出现在各个町。

白川发源于与江州[143]相邻的国境边的山中村，流入京都盆地，而今则是沿着鸭东的山麓静静地流淌着。白川这个地名是指整个流域。其中在三条北边流入贺茂川的部分叫北白川，而由此继续向南的河流叫南白川。但是就地名来说，靠近源头的白川村被赋予北白川之名，而白川写作白河，则是指今冈崎一带。白河之地是藤原赖通领有的别业之地，虽有传闻说是“天狗居住的恐怖之地”，但贵族们还是发现了深绿的森林，发现了水流清澈的白川，于是在这里相继建起邸馆和神社、寺院也就不是没有道理

“白川送流水，不及夜雨寒，枕湿秋已至。”（吉井勇）

的了。也有人逃离京中喧嚣的町，移居到白河来。

白河之所以能够确立其全新的地位，决定性的因素是始于白河院的院政政权将院厅定在了白河殿。白河附近建起了法胜寺等六胜寺[144]。大概当时的人们认为随着商业城市的发达，政治之都转移到白河去了吧。从京、白河开始并称也能看出这一点。

法胜寺

院政时代，白河地区浮出水面，在文化的所有方面都有突出表现。其中之一就是完成了大规模的土木工程。例如因白河天皇[145]的敕愿而创建的、以**法胜寺**为代表的六胜寺，还有作为院御所的鸟羽离宫等。但是这些建筑在今天几乎没有留下任何遗产，所以没能成为美术史研究的对象，甚至它们的文化史意义也常常被忽视。

代表院政时代的法胜寺于承历元年（1077）十二月十八日举行了建立供养，但它是在院政开始之前根据白河天皇的敕愿而创建的。就像宇多天皇的御室仁和寺与在那一带建立的、被统称为四圆寺[146]的各寺之间的关系那样，值得注意的是，法胜寺是由从白河天皇到近卫天皇[147]五代天皇和待贤门院建造的六胜寺中的第一座。但在此我想强调的是，这座寺院想要表达的到底是什么？首先看一看这座寺院的规模，正面沿二条大路延伸到川东，并开有西大门，拥有与白河之间的二町见方的土地，面南而建。由《扶桑略记》可窥其形态：金堂七间四面瓦葺，安置金色三丈二尺毗卢遮那如来像一体及其他；讲堂也是同样规模，安置二丈释迦如来像一体及其他；阿弥陀堂十一间四面瓦葺，实际安置了金色丈六阿弥陀如来像九体及其他；五大堂五间四面瓦葺；法华堂一间四面瓦葺；还有南大门五间四面，二层瓦葺一宇，安置二丈金刚力士作为寺门的守护；其他包括大门、回廊、钟楼、经藏、僧房等，蔚为大观。我们对法胜寺当初的规

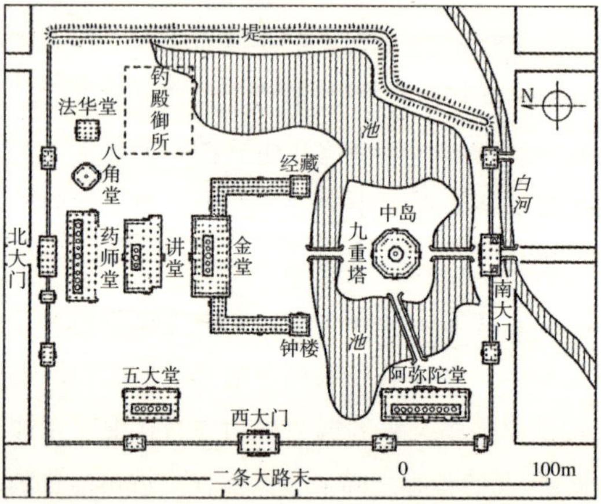

法胜寺复原图　寺域包括动物园全部，并更向北延伸。塔的基座已失。金堂遗址通向二条通，现在仍依稀可见（据福山敏男博士原图）

法胜寺今已不存，图中是以电脑制作的法胜寺八角九重塔 3D 模型及其大致位置

模之宏伟感到惊诧。其构想是，一俟塔竣工，南大门、塔、金堂、讲堂就排成南北一条直线，这虽然与飞鸟时代[148]四天王寺式的伽蓝配置大体相同，但在精神上一脉相承的同时又有若干变化。这些细部的变化是，池水环绕塔的四周、金堂有翼廊与钟楼、经藏相连，等等，但其基础又的确是四天王寺式的。不仅如此，法胜寺金堂的本尊也是毗卢遮那如来像，它让人想起那尊天平时代的东大寺大佛[149]。思来想去，我觉得法胜寺在整体规模上与藤原贵族个人性的纤细感觉不同，而是具有一种强烈的国家意识。这从《愚管抄》将之表述为“国王的氏寺”也能充分地看到。不消说，法胜寺也有阿弥陀堂，它继承了传统的净土信仰，但不

可否认的是，它基本上表现出与前代宗教性动向不同的反省的要素。也就是说，以法成寺为例，藤原道长将寺院最为重要的金堂的建设延后，先建了阿弥陀堂，并在此结束了一生。但是对于白河院的法胜寺来说，安放本尊毗卢遮那如来像的金堂才是中心，阿弥陀堂只不过是被置于寺院西南角的附属建筑而已。

更加富有意味的是，在金堂的东北角还有若干古老的藤原氏别业的遗迹被寺院使用着。在举行供养当日，作为天皇住所的地方是原别业的钓殿，正是所谓“本是左相府累叶之钓台也，不改旧妆，只添新饰”。正因为法胜寺糅进了前文所说的国家意识，所以这一点总令我留有疑惑。在巨大的金堂、讲堂之甍的阴影下能窥见寝殿造的一部分，这到底是怎么一回事呢？我从中发现了新和旧、相互矛盾之物的共存。但是在这种场合，正是在旧物以妥协的形式存在的地方，显示出了院政时代的意义。

就这样，法胜寺得以创建，并在永保三年（1083）十月举行了塔供养。据大江匡房起草的《供养咒愿文》记载，这座塔在金堂的南面、瑶池的中心，八角九重，中尊（位于中央的佛像）分坐八方，诸尊各自被安置在四角。在此特别受人关注的是其八角九重的形状。自古以来，时有八角塔、九重塔之例，但八角九重的巨塔却是空前绝后的计划。关于它的高度，虽然没有看到当时的记录，但据南北朝时代重建该塔时的记录可以推定为高 27 丈（约 82 米），所以初建时不会低于这个数字吧。自东翻过逢坂山进入京都的人们第一眼看到的就是这座高耸的巨塔，旋即便会感叹其匠心之奇拔吧。与其说它是法胜寺一寺的塔，倒不如说是不久之后由白河院开启的院政时代的象征。

我觉得，与刚才看到的旧物与新物的共存同样，这巨大奇拔的设计也体现了当时院政政权的性质和特征。一言以蔽之，由于摄关政治下庄园的迅猛发展，各国国衙的收入锐减，于是所谓的“受领”——国司阶层的人——就把所谓的“王党”——被赐予源姓并降为臣籍的皇族——推到前面，想在与藤原氏关系较浅的后三条天皇的领导下，积极推动庄园的整肃。但中途因摄关家不合作，继而又因天皇患病，整肃计划遭受挫折，结果推出了一个不受律令制和摄关制所限的新的自由权力机关——一个叫作院政的政权。处在其核心的就是白河院。但是这个政权从成立时起就只是把庄园整肃当作表面文章，所以各国国衙与庄园的纷争迅速增多。结果作为庄园领主重要势力之一的神社、寺院，特别是南都兴福寺、北岭延历寺等寺社对院政的抗议浮出表面，发生了奈良法师[150]、山法师[151]等僧徒强行上诉的事件。院政政权必须与这些僧徒武装对抗。而且，即使这时能够否定庄园这种领有形式，如果不与当地崛起的强势的富豪阶层做任何形式的抗争，也不能达到其预期目的。这才是院政政权不能没有武士团作支柱的原因。所以我认为，维持院政政权所必需的条件就是王党的复活、受领阶层的参与、武士团的支持这三个要素。其中还隐藏着重现律令制的国家意识，以及对中世武家社会的展望。

法胜寺表现了院政文化的一个极点。其巨大奇拔的构思肯定具有将院政权力吸引到地方豪强中间的魅力。但是作为另一极，院政时代还有文学方面的魅力，即以《今昔物语》《宇治拾遗物语》为代表的说话文学；以及绘画方面的魅力，即以《源氏物语绘卷》《信贵山缘起绘卷》为代表的画卷。这两幅画卷是有区别的。前者试图反映出物语、缘起等在空间上的各种关系，而后者试图描画它们在时间上的推移。一个是静的，有着浓厚的傅彩；一个是动的，有着轻妙的描线。它们是两件风格截然相反的作品。但它们不是前后发展的关系，而是共存于一个时代。这才是院政时代的特征之一吧。

但是毋庸置疑，支撑起院政时代的仍是以巨幅画面自由描画的《信贵山缘起绘卷》[152]。长卷中的第一卷[153]刻画了一个被称作“下种德人”[154]的山崎富商的生活。第二卷则与宫廷有关。名叫命莲圣的主人公说：“更不往京城。”还说：“若于斯所多有庄园，则又需别当来此，甚是为难，多有得罪。仅此而已。”命莲圣表达了拒绝京都的态度，同时也表达了传承者的态度，即强烈主张地方生活。在第三卷中，随着尼公[155]的脚步，具体的地方生活浮现出来。在此，院政文化的一大特性——法胜寺造型艺术中看不到的一面浮现出来，这就是对被叫作“下众”的民众生存状态的关注，以及对于地方的关注。这里所谓的下种德人，正是在庄园农业生产力得到发展、名主[156]们逐渐独立的社会中富裕起来的名主的形象。然而，正因为**山崎**这个港口处于去往京都的门户，所以这名商人正是拥有保管年贡的校仓[157]的中间商；

而从绘画中的树木、釜、正当石等物来看，他又是榨油的富商。该画触及了被认为低贱的商业活动，但富裕起来的名主实际上已成为受领阶层行动以及武士团崛起的基础。从某种意义上说，与这幅画卷齐名的《伴大纳言绘词》也表现了同样的主题。这幅画描绘了贞观八年（866）摄关政治形成过程中发生的所谓应天门之变[158]，卷首正是律令制政府的正门被纵火烧毁的情景。当然，这个题材同《信贵山缘起绘卷》一样，都是从《宇治拾遗物语》中得来的。就物语的视觉化而言，应该并不缺少其他素材。正因如此，这个对于律令政治而言很不吉利的主题才更加令人深思，个中原因当与民众性、地方性的主张有很深的联系。我们必须知道，实际上在京都，流淌着民众性、地方性的自觉意识，而这种意识当中已经出现了极其重要的转机。在这两幅画卷完成的时期，京都已经体验了最初的街垒战，那就是保元[159]、平治之乱[160]。后来又经历治承、寿永之乱[161]，直至承久之乱，王朝的京都经历了祸不单行的半个世纪。

三十三间堂

继白河之后，鸟羽也搭建起了白河院的离宫，并在后继的鸟羽院[162]时成为院政的政厅。鸭川经过九条之后流向偏西方向，最终与桂川合流，注入淀川。鸟羽就是在这个地方发展起来的京都的港津，但是由于地势低而湿润，所以开发较晚。但是正如鸟羽水阁这个名字所表示的那样，造园时将水导入，于是如《荣花物语》紫野卷所述：“占地十余町而造，十町为池，远远地有四方之海之气色，舟浮于此，甚是美丽。”鸟羽离宫在此呈现出这番景象时，时人大惊。人们看到这里交织着巨大性和奇拔性。于是公卿的邸馆也随之迁来，甚至被批评说是犹如迁都。院政时代，名叫京都的古都曾向东、向南迁移。现在留存的痕迹只有曾为东殿御堂的**安乐寿院**了。安乐寿院建于保延三年（1137）。这里还曾建造了五重宝塔，名本御塔，今已不存。继而又为皇后美福门院建了多宝塔。现在本御塔遗迹为鸟羽天皇陵墓，丰臣秀赖重建的新御塔成了近卫天皇的陵墓。这里还留有田亩，环境幽静，几乎让人觉得不是在市内。从白壁土墙的对面眺望多宝塔，风景异常秀丽。与尽失无余、甚至连遗迹都已变成动物园、美术馆、劝业馆以及京都会馆的白河六胜寺一带相比，鸟羽还留着能够勾起怀旧之情的因子，这是很让人高兴的。**城南宫**一带曾有鸟羽南殿、北殿御所，还建有证金刚院、成菩提院、金刚心院等数个殿堂，但现在已经无法看到了，只有名为秋山的、徒有外形的假山作为往昔的遗迹流传下来。

但是如果想探寻京都留下的院政文化的遗产，也不是完全没有线索可循。比如法胜寺的阿弥陀堂等，考虑一下京都府相乐郡加茂的**净瑠璃寺**本堂和那里的九体阿弥陀如来像，便大体不会有错。一般认为那是嘉承七年（1107）建立的，但是就像法成寺也拥有的那样，这种阿弥陀堂的实例已经非常多了。

净土数多有，弥陀净土最为优。
往生分九品，下品下生亦无妨。

正如《梁尘秘抄》所吟咏的那样，净瑠璃寺排列着从上品上生到下品下生的九体弥陀，无论哪一体，都巧妙地反映了祈愿者个人的心境。净瑠璃寺的九体弥陀，中尊为上品下生，其他都结定印，不知属哪一品。然而这就足够了。不是把上品上生，而是把上品下生的弥陀置于中尊，我想这是直接触及了王朝人的心境。九体阿弥陀堂是融进了个人情感的产物。但是如前所述，这不是法胜寺特别重视的，也不一定代表那个时代。还有所谓千体观音堂的构想，被认为与九体阿弥陀佛立于相同的精神层面，并且是后者的发展形态。但旨趣似乎略有不同。那里没有容纳九体阿弥陀像所表现的个人情感的余地。甚至在数量巨大这个意义上，具有与百万遍念佛相同的精神。长承元年（1132）三月十三日，鸟羽上皇供养白河千体观音堂。上皇亲临于此，并命名其为得长寿院，中央安置丈六观音，左右安置等身正观音像各五百体。这里是以权僧正觉猷为导师、由备前守平忠盛[163]建造的寺院，也成为平氏走向腾达之路的端绪。这座得长寿院本来是今天看不到的，但是我们知道，这种建筑构思与京都市**莲华王院**本堂，即三十三间堂完全相同。其实鸟羽上皇的构思已经被后白河上皇完全继承下来。在建造莲华王院之前，平治元年（1159）二月在白河营造了千体阿弥陀堂。保元之乱时这里是崇德院[164]的阵地，千体阿弥陀堂就是在官军烧毁御所的遗址上建造的。负责造寺的是平清盛[165]。继而在长宽二年（1164）十二月，在后白河上皇的御所法住寺殿附近，再次因平清盛的造功而造立千体观音堂，并安放千手千眼观音像一千零一体及二十八部众。这就是莲华王院。现在的殿宇曾于建长元年（1249）烧毁，但立即着手重建，并于文永三年（1266）举行了供养仪式。它的构造沿袭了创立当时的旧有形式，为单檐歇山式、平筒瓦铺屋面，在开间三十五间、进深五间的甚为宽大的平面上安置了本尊，即丈六千手观音

三十三间堂外观

和一千体等身千手观音。其内部奇拔的配置让参拜者感觉到压倒性的气势。这种巨大且奇拔的匠心明显是法胜寺八角九重塔构思的延伸，也是院政文化最为典型的表象。

我们已将这个时代的遗迹遗失在白河，但位于南白河的三十三间堂附近有后白河院的陵墓，它直接用院御所的旧名命名为法住寺陵。除此以外还留有一些让人联想起那个时代的东西。这就是位于从东山七条去往太阁坦的道路南侧的**新日吉神社**，以及更南边的**新熊野神社**。它们写作今比睿、今熊野，是比睿、熊野被迁移到京都的旧迹。在新熊野神社，被指定为天然纪念物的老树熊野樟仿佛在讲述着往昔的故事。这些都是后白河院应保年间（1161－1162）的事情。此前也有很多从地方迎来的神社，但在前面使用“今”字的神社，似乎显示出京都的城市魅力与院政政权所具有的国家权威的结合。在权威和魅力面前，日吉、熊野的本社都被当作古老的事物。这种对现实的强烈自信产生了像“今样”这种类型的流行歌曲。

我们以东山七条为中心，可以联想起后白河院的时代。这个地区同时也有与丰臣氏有很深渊源的、祭祀着丰臣秀吉并留下伏见城遗构的**丰国神社**，有因大佛和“国家安康”钟而闻名的**方广寺**，有藏有桃山时代拉门画的**智积院**。后白河院和丰臣公的重合让人感觉到某种不可思议的共同性。若要给后白河院的文化回顾稍微加上点经济要素，那么最好看一下鸭川对岸六条寺町的**长讲堂**。那是后白河院落发后所建的持佛堂，名为法华长讲弥陀三昧堂，据传现在还藏有法皇的画像和雕像两种御影。实际上这座长讲堂就是集中在院政政权下、由后白河院继承下来的、庞大的、以不可分割原则悉数传到中世的皇室经济的基础。其意义也许就在于更好地传承了后白河院的精神。

第七章　六道的世界

——六波罗

珍皇寺门口的六道辻碑

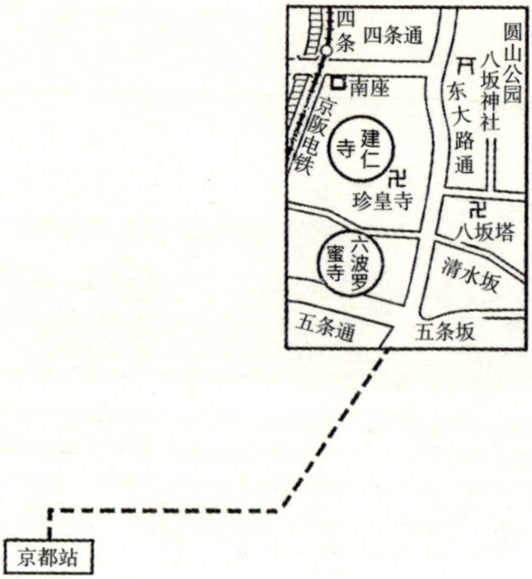
四条
四条通
圆山公园
八坂神社
南座
东大路通
京阪电铁
建仁寺
珍皇寺
八坂塔
六波罗蜜寺
清水坂
五条通
五条坂
京都站

六　道

从地域角度来看，在历史上因为六波罗政权[166]、六波罗探题[167]之名而特别有名的**六波罗**究竟是指哪里呢？恐怕即使住在京都的人也未必知道。但是名为六波罗的地区正好处在被夹在南北白河之间的鸭东，是自古以来就给人带来无常感的市民的墓地——**鸟边野**[168]的入口，距离集合了老弱贵贱信仰的**清水寺**观音也很近，今天仍弥漫着从古代到中世的京都气息。

京都中京的人们每年一到盂兰盆节的时候就跨过四条桥，从大和大路折向南，再向东登上平缓的松原坂，参拜六道。乘坐市内有轨电车在“清水道”下车，向西下坡，也能很快到达。但我更愿意穿过两边卖供佛灯笼和上供松枝的货摊儿，边聆听迎接精灵的钟声，边慢慢登上松原坂，这样走令我觉得很愉快。坡北侧古朴的红门就是因六道之名而让人倍感亲切的**珍皇寺**。

本堂的前面叫六堂辻，是冥途的通路。京都人把亲人看作鸟边野的烟，每年来参拜六道一次，迎接精灵，一千年来未曾中断。进得门来，右侧是安放小野篁[169]像的殿堂，传说是小野篁往返冥府的地方。这里与大彻大悟的禅寺、门迹寺院不同，完全是地狱与极乐的庶民的世界。从前那种对着图绘讲图的氛围仍旧保留着。寺的西面曾是现在挪到嵯峨深处的念佛三昧之寺，叫作**爱宕念佛寺**。这些寺院就是老百姓灵魂的故乡。虽然除了盂兰盆节，它们已经完全被京都人遗忘，但一到盂兰盆节，人们就会突然聚集到这里。

参拜六道也是室町时代的市民们带来的习俗，这是一个思念从前活在町镇的人们、加深现在活着的人之间亲近感的机会。来到六道，在当时相当宽敞的寺院里还能看到猿乐[170]。这里的猿乐不是观世、金春等四大戏班演出的正儿八经的戏，而是由在贱民系统中被叫作唱门师（声闻师[171]）的杂艺者表演的。虽然不是在盂兰盆法会上，但在宝德二年（1450）二月，也就是世阿弥[172]死后七年，柳原唱门师小犬在六道珍皇寺上演了募化猿乐。然而当小犬正要开始舞蹈时，侍所接到管领[173]的命令，前来驱散了演出。很可能是观世、金春两戏班觉得对自己的演出有影响。总之，我们能看到在六道珍皇寺举行的群众性的演艺活动。自王朝以来，在多山坡的这一带，住着很多被称作坂者的贱民。这里是包括他们在内的民众的信仰之地，也是他们获得安慰的地方。本堂的本尊药师如来坐像被认为是藤原时代的杰作，但是当人们想起这座寺院而蜂拥而至时，本堂却被嘈杂、闷热的气息笼罩着。很难说他们是为了美术鉴赏而来。也就是说，游移不定的氛围盖过了为本尊的艺术价值所进行的争论。之所以会有盂兰盆节这个节日，恐怕就是为了让人在这样的氛围中度过这一天吧。也是在这一天，产生了一项新的活动，就是所谓陶器节。**清水坂**的一家家陶器店开市了。最近陶器节热闹起来了，本该是为吸引参拜六道归来的客人而办的，现在有些客人反而是在逛完陶器节回家时顺道去参拜六道了。即使不参拜六道，陶器市场每年的换碗风俗今后也能延续下去吧。因为那一天可能会意外地淘到好东西，让平时的饭食变得更香——京都人就是抱着这样的期待，等待着这一天。

今天仍弥漫着古代末期宗教氛围的六波罗蜜寺本堂

身负六波罗之名的**六波罗蜜寺**在六道西边，即从松原坂折向南的地方，是町的中央。这座寺距离六道珍皇寺和曾经的爱宕念佛寺都很近，说明它们在古代末期属于同一地域。六波罗蜜寺创建于藤原时代初期的应和三年（963），开基者是空也上人。他平时穿麻衣、草鞋，拄鹿角杖，敲着挂在脖子上的钲，一边在街上走，一边念佛。他的念佛之声用六尊小阿弥陀像具象化地表现出来，这座寺院就是因这些雕像而著名。当时他被称为“市圣”，受到众多民众的喜爱。跟他可算是一对的是被称为“革圣”的行圆。行圆无论寒暑都披着鹿皮在民众中间实施教化，终于开了革堂。他们所表现出的民众性仍是与六道世界相通的产物。

现在的六波罗蜜寺仍在这个町，它曾经屡屡蒙受火灾，现在雄伟的本堂据推测应是在南北朝时代的贞治二年（1363）重建的。本堂几乎塞满了狭窄的院子，据说里面的造像多数自藤原时代寺院创建当初便存在，有本尊十一面观音立像、四天王立像、原地藏堂本尊地藏菩萨立像等。此外，原本安置在阎魔堂里的镰仓时代的阎魔王坐像也在这里，呈道服持笏耸肩的形象。这个既有阎魔又有地藏的地方越发显示出这座寺院的

六堂辻的阎魔大王

特殊性。

参拜六道之所以能够紧紧地抓住人心，是因为惠心僧都源信[174]写出了《往生要集》，书中解说了地狱、饿鬼、畜生、修罗、人类、天上六道世界，描绘了与六道世界相反的极乐净土的景象。可以说，在表达强烈欣求往生极乐的意愿的同时，也让人们反而强烈地意识到了六道世界的存在。《平家物语》灌顶卷“六道之沙汰”条极其恐怖而生动地描绘了隐居在大原寂光院庵室的建礼门院从作国母的天上道，经浪尖、船内的饿鬼道和热衷于战争的修罗道，终于堕落到叫唤大叫唤的地狱道的体验。在这位女院的眼中，这个世界就是现实版的六道轮回之场。于是可以说，在参拜六道的人心中有着强烈的对于极乐世界的祈求吧。

平清盛像的幻想

六波罗蜜寺收藏着著名的肖像雕刻，是佛像雕刻师运庆和湛庆的雕像。而与他们齐名的一尊僧形坐像，最近开始被人叫作平清盛像。的确，这尊雕像不仅来自六波罗这块土地，还有与平清盛相符的敏锐目光，可以说是镰仓写实雕刻的杰作。这尊平清盛拥有将我们带进治承、寿永世界的巨大魔力。

平氏在平忠盛时成为院政不可或缺的支柱，不久又在保元、

平清盛郑重地托在手中的一卷到底是什么？是物语故事还是《法华经》？

平治两次战乱中胜出。平清盛在不到十年后，就在仁安二年（1167）升任太政大臣，一族悉任显职，有公卿十六人、殿上人三十余人之多。平氏政权正是在这个时候确立的。这个政权通过与皇室、摄关家联姻，跻身贵族社会，作为武家政权来说不免陈腐。但是作为武家的栋梁，来来往往的武士想必也带来了许多活力。其根据地即是六波罗。平氏在南白河建造了从五条到七条东西五町（约 550 米）南北八町（约 870 米）的邸馆,形成“细数五千二百余宇”的街区。

六波罗之所以被选为这个政权的根据地，主要是因为这片川东地区还是一块未开发的空闲地。它还与后白河院法住寺殿的北边接壤，这表示平氏想开辟一个新的政治世界。若再发挥一下想象力，就会发现它还与因六道之名而被视为庶民佛土的那块地方的南部接壤，这也许是想让武家政权的发轫带有一些温情吧。但六波罗的繁荣也仅是一夕之梦。

此后，京都在治承、寿永内乱中像风中的树叶一样飘摇不定。位于贺茂川西面的古老的京都在这个时期灭亡了。在内乱之前的安元三年（1177）四月，京都遭遇定都以来第一次大火。看一下《方丈记》[175]中清晰的描述吧。

> （大概是）昔日安元三年四月廿八日的事吧。那是一个狂风劲吹的不平静的夜晚。戌时许，火起自都城东南，一直延烧到西北，最后烧到朱雀门、大极殿、大学寮、民部省等处，一夜之间，京都化为尘灰。
>
> 据说火源在樋口富小路，是从舞人住的临时棚屋烧起来的。狂风乱卷，火势蔓延，如扇面般展开。远处人家为烟所呛，近处人家火焰随风扑向地面。风将灰烬吹散在空中，在火光映照下，夜空一片通红。火焰不耐风，被风吹断，如飞一般越过了一二町。其中人等，哪还有平常心气，或为烟呛倒伏在地，或在火前失措，即刻死去。或有只身逃出者不及取出家财，虽有七珍万宝，尽皆化为灰烬。损失几何？此番大火，烧毁十六公卿之家。除此之外，不计其数。闻说整个都城，波及三分之一。男女死者数十人，牛马之类不知凡几。

这番悲壮情景，便是平安京的最后一瞬。在日本古典文学中，还从未有过如此逼真的对火灾的叙述。正因如此，人们对这场大火的印象才特别强烈。祸不单行，后来又受到福原迁都[176]的打击，平安京便彻底荒废了。《方丈记》云："昨日争盖轩宇之人家一天天荒废下去。房屋毁弃，浮于淀河。宅地眼睁睁变为田地。人心皆改，只重马与鞍，无人使用牛与车。"同年冬天，都城又迁回京都。"尽毁之家，又当如何？未必悉作原样也。"平安京不可能再次恢复原来的模样了。

于是六波罗平氏的町也一起消亡了。但具有讽刺意味的是，镰仓一建立幕府，就在这一故地建起源赖朝[177]的居所，北条时政[178]、一条能保、平贺朝政等有权势的人相继当上了京都守护。承久之乱以后，这里设置了南北六波罗探题，呈现出小幕府之景观。但是镰仓幕府留在京都的足迹极其贫乏，可能是因为京都从本质上不肯接纳镰仓吧。

建仁禅寺

在从四条通经大和大路参拜六道的途中，可看到东侧有**建仁禅寺**的门。这座寺院是在进入镰仓时代以后的建仁二年（1202）由荣西禅师[179]建立的日本第一座禅刹。面南对着八坂新道的黑门是敕使门，传说是挪用了小松内府重盛[180]在六波罗的宅第的大门。虽然这不过是个传说，虽然门是室町时代的唐式四撑柱

花街柳巷与六道辻之间是建仁禅寺

门，但这个传说却有某种打动我们的心灵之处，那就是，它让我们感受到了这座寺庙的风土人情。

寺内从敕使门起，放生池、三门、佛殿、方丈呈南北一条
直线排列，呈现出极其整齐的伽蓝配置，四周围着一圈塔头 181
寺院。这种配置为京都的几座禅寺所共有，与其说是静谧沉稳，倒不如说是有着正儿八经、难以接近的特点。由于和六道同处一片让人感到亲切的土地，所以那些看罢六道的人们会顺道来到这里。但是在他们的眼中，这座禅寺却显得过于异质了。这座寺庙的荒废反而减轻了它那冷漠的印象。在缺少空地的城里，开放的寺院正好成为孩子们的球场，这总还是让人喜欢的。尽管如此，一般来说京都的禅寺是让普通人觉得最像京都的地方，

特别是它的茶室和庭园，经常是人们观赏的对象。若说它异质，听起来似乎有些奇异。但是这座禅寺给人的印象绝不是京都这片土地所能规定的。所以，虽然通往禅寺的道路以及道路周边的自然让人感受到京都的风土人情，但禅寺本身却超出了京都的界限。硬要说的话，说它是镰仓式的倒更为妥当吧。有时我甚至觉得京都五山的地盘就像是镰仓国的租界。当我们这样观察的时候，建仁禅寺和六道世界看上去就显得甚为对立了。但是，尽管如此，无疑建仁寺自创建以来已经在这片土地上深深地扎下了根。

荣西初学天台，仁安二年（1167）、文治三年（1187）两度入宋，为复兴天台宗而广泛传播临济禅，所以当初即使面对来自比睿山的压迫，荣西仍旧亲著《兴禅护国论》，积极传播教义。另一方面，在建立这座建仁寺时，为了避开比睿山的反对，他甚至考虑只将其当作延历寺的末寺[182]。在这段时间里，荣西为了禅的兴隆而下镰仓，得到幕府的支持，在镰仓建立了寿福寺，并根据将军源赖家的本愿在京都建立了建仁寺。但是为什么他能这样在京都培育起显得很异质的禅呢？毕竟即使京都在武力以及建立在武力之上的政治方面屈服于镰仓，在思想和文化方面也不可能简简单单地被东国感化。禅宗之所以能够通过镰仓将军的力量在京都扎根，我想其原因之一就是荣西经常自称天台沙门，甚至在建永元年（1206）东大寺劝进[183]俊乘坊重源[184]死后仍在参与复兴东大寺圆密禅戒四宗的兼学活动。就是这种蕴藏在他心中的复兴日本天台——不，复兴日本佛教的崇高理想与京都这片土地相适应。即便是在京都的土地上，建仁禅寺与六道世界相邻而处也绝不矛盾，甚至能令古老的宗教吐出新芽，这是具有十分积极的意义的。

另一原因就是荣西向镰仓幕府的靠拢。但他只接受了当时已经关注京都的将军源赖家、源实朝的皈依，并没有向北条一门的人们屈膝。众所周知，荣西也是《吃茶养生记》的作者。我想他早已经有了这样的构想，于是在建历元年（1211）正月撰写了初治本，在建保二年（1214）正月又完成了再治本，并于二月四日献给将军源实朝。据说源实朝正因前一晚的宿醉“御渊醉”而懊恼，为治疗他的宿醉，荣西进茶一盏，并献“所誉茶德书”一卷。若仅此则不值一论，然而源实朝如此沉溺醉酒，大概是在北条一门的压迫之下自暴自弃了吧。如果是这样，那此时荣西所进的一盏茶就可以说是充满了极深的关爱。荣西的心仍旧是京都人的心啊。

建仁禅寺也有许多桃山文化的遗产，特别是**两足院**的拉门画《童子图》和《草山水图》，都是长谷川等伯[185]的杰作，**禅居庵**的拉门画《松竹梅图》是海北友松[186]的杰作。更有俵屋宗达[187]的《风神雷神图》屏风一双，乃是京都可以夸耀于世界的作品。

第八章　京都里的镰仓

——高雄、栂尾

访石水院，品上一杯与静谧的环境相契合的茶，顿觉神清气爽

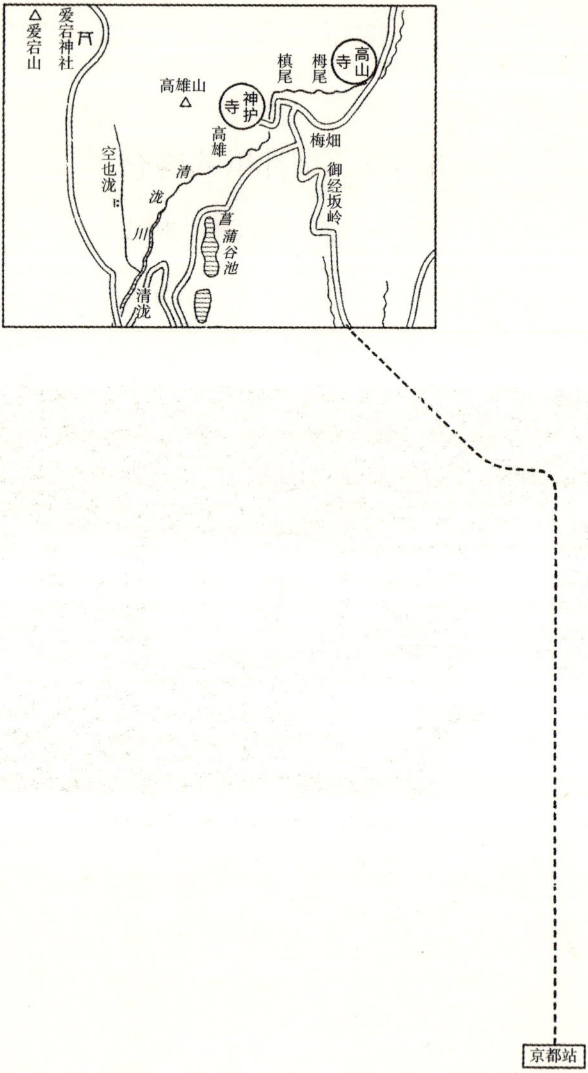
爱宕山
爱宕神社
高雄山
神护寺
高山寺
槙尾
栂尾
梅畑
高雄
清泷川
空也泷
菖蒲谷池
御经坂岭
清泷
京都站

净土与禅

从大处来看，思考中世的京都有两大主轴，一是始于镰仓时代的新宗教的弘扬，一是室町时代以后显著的商业发展。以这两个轴为中心发生了京都与地方的文化交流，京都的特征也越发鲜明了。两者不是独立存在的，我们不能忽视它们之间的相互关系，即商业循着宗教的路径展开，宗教又循着商业的路径传播。但是就京都内部而言，让我们暂且将它们割离，先思考一下宗教吧。

京都自定都以来，就是天台、真言两大密教的本山，而且有很多皇室的敕愿寺，但它们只是为贵族的生活添加了色彩，却远离了一般民众。其后，净土思想越来越流行，对民众的教化也逐渐普及开来。在这一过程中，前文所说的六道世界也逐渐成形了。源信的著作《往生要集》为净土教提供了稳固的基础，但随着一般文化的本土化现象，后来净土教的发展也形成了一大特色，即佛教的日本化。就是说，法然上人源空[188]对已经贵族化的、游戏化的净土信仰进行了批判，并将净土信仰普及到民众之中。亲鸾[189]更是发挥了将净土信仰进一步浸透到最底层民众之中的作用。正如我们在看到“革圣”行圆的风姿时所体察到的那样，行圆甚至已将经营杀生的人们也看作拯救的对象了。而亲鸾则用“屠沽之下类”一语将杀灭生物的屠儿和往来行销的商人当作他所主张的恶人正机说[190]的对象。

东山之中，圆山和华顶山一带的人自古就将其山谷叫作**大谷**，这里有许多法然、亲鸾的遗迹。**知恩院**本是吉水房（在今天知恩院势至堂附近经营的一座草庵）的遗迹，是法然一直倡导专修念佛并从天台旧教团开始宗教革新的地方，也是他最初的墓地，因文历元年（1234）其弟子源智建立的大谷寺和知恩院而得名。法然死后，因为比睿山众徒的强力打压，这个寺庙遭到破坏，之前的遗骸也被移到西郊粟生野，火化后埋在**粟生光明寺**的本庙，后分骨安放在嵯峨二尊院和这里。

法然的弟子亲鸾也葬于吉水北大谷，这里曾有庙和御影堂。后来御影堂受到山门众徒的蹂躏，迁到山科本愿寺，又经石山本愿寺，迁到现在的本愿寺，但其庙宇一直保留到德川家康[191]时代扩建知恩院的时候。其后迁移到今天的**东西大谷庙**。这座东西大谷庙紧挨在六波罗的东面，距离从前的六道世界非常近。净土教的开山祖师们将墓地定在这里，实在是有奇缘。

净土教的历史分为法然的净土宗和亲鸾的真宗，其信徒遍布各地。一遍[192]的时宗也是通过舞蹈念佛的仪式为人所知的。他们在市中建了四条、六条、七条、市屋等道场，非常兴盛。从这些教团内部还诞生了许多有阿弥称号的艺术家。但是到了室町时代，其内部逐渐衰落，最后被本愿寺教团夺去了主导权。四条道场**金莲寺**被移到了鹰峰，而六条的欢喜光寺等道场寺院却传承到了今天。**欢喜光寺**的《一遍圣绘》是一幅特别有名的、关于一遍的传记画卷。

净土教依靠弥陀信仰，主张他力本愿[193]。而与之相反，同样是来自天台的荣西则主张像释迦苦行终得成道那样自力锻炼。临济宗寺院除了建仁寺还有许多名刹：九条道家[194]以圣一国师[195]为开山祖师创建的**东福寺**；由龟山上皇[196]发愿，以东福寺的无

东福寺从东大寺和兴福寺各取一字而得名，殿堂雄伟，三门为南北朝重建

关普门[197]为开山祖，以离宫松下殿的下宫为禅寺的**南禅寺**；在龟山上皇的离宫龟山殿旧址，以梦窗国师[198]为开山祖，为凭吊后醍醐天皇[199]而建的**天龙寺**；与梦窗并称禅林双璧的大灯国师[200]创立的、被誉为天下无双禅苑的**大德寺**；在花园法皇[201]离宫萩原殿旧址以大灯国师的高徒关山慧玄[202]为开山祖而建的**妙心寺**；等等。众所周知，这些寺院当时都是作为五山寺院之一而繁荣的，并将法灯传到今天。五山的寺院中，只有以白河天皇创建的六条阿弥陀堂为禅刹的**万寿寺**衰颓，被合并到东福寺的塔头三圣寺，仅留其名传世。但是旧六条御堂的本尊丈六阿弥陀如来坐像却装饰着京都国立博物馆的玄关，留下藤原佛[203]的典型姿态，让人们感受到世事的流转。

京都的禅寺都是临济禅，这一现象颇耐人寻味。于是我再一次想起了荣西这个人物。来自荣西的僧房、曾前往宋朝留学的道元[204]回国后在深草建立了兴圣寺（早已迁移到宇治市），创立了曹洞禅，更加鲜明地阐述禅的主张。因为致力于在地方传教，所以除了初开道场兴圣寺之外，京都少有该宗的寺院。但是仅靠这些难以说明两大禅与京都的关系。在京都，之所以临济禅占压倒性优势，是因为曹洞禅伴随着祈祷，有很强的宗教性，而临济禅具有较强的文化性修养，更易被京都所接受。就像在建仁寺所看到的那样，禅寺并不是那么易于亲近。但即使在今天，流淌其中的文化性似乎也是它的魅力之一，其中一个表现就是茶。

京都禅的这种性格有时甚至能允许原本在宗教方面互相对

立、互相矛盾的禅和净土有时也能拥抱彼此。人们已经发现，贯穿东山文化[205]的思想支柱就是双峰并立。而慈照寺，即银阁寺则确实让我们强烈地感受到这种旨趣。

神护寺与文觉

京都的禅寺分散在京都的南北，很难被看作一个地区，而且也很难说每一座禅寺都融入了京都。因而在京都，镰仓时代的痕迹意外地稀少。好不容易找到一处，就是洛西的高雄、栂尾。一到这里就能看到融入京都的镰仓文化。

乘坐市营公交车在**高雄**下车，然后必须先下到清泷川的山谷，再爬上来，才能到神护寺。这段距离对于步行者来说真是麻烦，但在穿越山谷的过程中可以意识到自己要去拜访一个新的世界。就是说，**清泷川**构成神护寺的结界。深绿的山谷间架着一座朱红色的桥，正安元年（1299）造立的下马石敦敦实实地坐在那里。我打起精神从这里登上陡坡。最近旅游车大为发展，如果无论去哪个寺院，都能把人拉到门前，那就不太能深切体味到走路时那种期待着未知事物的喜悦了。在这一点上，无论如何都必须穿越山谷的神护寺给人以一种永远也不会失去的清净感和探寻遥远异境的期待感。不久，山门出现在乱石垒成的石阶的上边。

通往神护寺的路非常难走，上学时不觉什么，现在却走得气喘吁吁

神护寺创立的详情已不得而知。这里自古就有一座叫高雄山寺的寺院，延历二十四年（805）最澄入唐，归国后在此处行灌顶秘法，收勤操等七人为受法弟子。其后和气清麻吕[206]之子和气真纲请将其父在河内创立的神愿寺寺址改作高雄山寺，得到准许。天长元年（824），原本高雄山寺所在之地改名为神护国祚真言寺，继而被托付给弘法大师（空海），因此弘法大师也曾在这里住过一段时间。后来弟子真济继其后，使寺院得到很大发展。现在神护寺金堂的著名本尊是药师如来立像，他魁伟的身躯、伟岸的风貌、深锐的衣纹，堪称弘仁[207]时代的典型性杰作。安置在多宝塔内的五尊五大虚空藏坐像虽也是同时代的作品，但与药师如来面目不同，是一种丰艳肉感的表现。两相对照，可以说神护寺的确对比性地显示出了平安时代初期密教艺术的两个方面。从这个意义来看，神护寺代表了一个时代，但是硬要将它置于镰仓时代来认识，却也不是没有原因的。

这是因为，虽然这座寺院因为在正历五年（994）、久安五年（1149）两度被烧毁而完全衰败，但在仁安三年（1168），文觉[208]上人因仰慕空海的遗迹而入寺，并使寺院得以再兴。这也是因为，当时文觉心中熊熊燃烧的热情都集中在这座山上。众所周知，年轻时的文觉叫远藤武者盛远，他觊觎别人的妻子袈裟御前，最后却误杀了作了丈夫替身的袈裟御前。这种难以压抑的热情在其出家后、决心再兴神护寺时又一次爆发。他去后白河法皇[209]的法住寺殿化缘时，右手拿着募化簿，左手握着刀，挡在门前高喊："如果不把一所庄园捐给高雄神护寺，我就不准备走了。"最后被问不敬之罪。但是文觉在流放地伊豆遇见了源赖朝，并劝其起兵。不久，源赖朝夺取了天下，文觉以源赖朝为后盾，让后白河法皇写下了著名的《文觉上人四十五条起请》，甚至还让法皇按了手印。这样的人在京都还是很稀奇的。相对于京都范儿的人来说，他可以算是有镰仓范儿的人吧。

不管怎样，神护寺靠文觉得以中兴。寺院中有四幅有名的画像，即《源赖朝像》《平重盛像》《藤原光能像》《文觉上人像》。原本加上《后白河法皇像》《藤原业房像》，有六幅，据说都是藤原隆信的手笔，大概挂成一排吧。其中的源赖朝，完全被描画成一个朝臣。这既是潜藏在源赖朝心中的贵族意识的反映，同时也体现了京都文化对镰仓的异质性的同化。要说起京都文化来，现在寺内的堂塔几乎都是新建的，而西南角有纳凉房之称的**大师堂**却是大师住房的遗迹，但也是桃山时代重建的。它将密棂悬窗和双开板门用在寝殿式建筑上，给人以居室特有的亲近感。正面镰仓时代的佛橱里，祭祀着板雕的弘法大师坐像，虽然据说是正安四年（1302）雕刻师法眼定喜按照土佐金刚顶寺的雕像摹刻来的，但它是一件杰作，从这种半浮雕作品中也可窥见有雕刻时代之称的镰仓的真面目。大师的御影就这样在纳凉房中静静地观看着寺院的兴衰。

明惠与高山寺

高雄、槙尾、栂尾都是观赏红叶的名胜所在。它们以“三尾的红叶”闻名天下。其中**栂尾**在最深处。**高山寺**本是神护寺的别院，久已废弃。建永元年（1206）明惠[210]上人高辨将其变成华严道场，重新奠定了寺院的基础。高辨生于纪州在田郡，九岁到京城，上高雄，跟随他的叔父、文觉的弟子上觉修行。他对释尊有着强烈的憧憬，终生无悔。所以在热情方面与文觉有相通之处，但高辨懂得抑制。他的大愿是想去佛诞之国印度，但是为了有缘的众生，他放弃了。《树下坐禅图》所表现的强烈的禁欲生活，不如说恰恰体现了其热情的强烈。他复兴华严的热情具有与荣西复兴日本天台乃至

《集古十种 古画肖像之部》中记载的“明惠上人像”

梅尾山中散落着佛足石和石塔，宝筐印塔散发着镰仓的雄健之感

振兴日本佛教的志向相同的意义。荣西和高辨通过茶而结下了更深的缘。荣西二度入宋时带回来的茶装在“汉柿形茶壶”里赠给了梅尾的高辨。不久，这茶就成为人所共知的梅尾茶本茶。

架在清泷川幽深溪谷上的石桥叫白云桥。过了桥，左侧就是石头铺成的去往高山寺的路。静谧的杉树林中耸立着高山寺金堂平和的身影。但是要说这座寺院的魅力所在，无论如何当属**石水院**，据说那是后鸟羽上皇[211]所赐的贺茂别院。一开始用作社殿，它的前面嵌着可见别院遗风的斜格子，还保留着独具匠心的驼峰。内部为住宅式，让人松心，从缘廊可以眺望美丽的清泷川。在今天，与其说这座寺院是寺院，倒不如说曾是高僧明惠上人的住房这一点更让人怀念。

从石水院再往山上登，就到了**开山堂**。开山祖明惠上人坐像就安放在这里。明治三十五年（1882），三上参次博士出席在德国召开的国际东方学会，有一位英国的日本协会会员问他："日本高僧中真有一生不犯戒的人吗？"对这个问题，甚至连三上博士也回答不上来。后来辻善之助博士追忆说，说到一生不犯戒的上人，至少可以举出明惠吧。拒绝美食美酒，持守一生不犯戒的清净的上人精神似乎就渗透在这尊坐像中。此山之中几乎没有一块石头上人没有坐过，上人将坐禅进行到底了。他虽然是华严宗，却也与镰仓的禅风相通。

从这里经小野乡可去往丹波。美丽的北山杉造就了山林，也造就了北山磨制原木。在前方的**山国**，曾为皇室领有的林场，最近繁荣起来。支撑京都发展的木材供给地正向着北边丹波路扩展。以此历史为背景，北山杉密林显得格外迷人，也更能唤起人的文学遐想。山国还有向朝廷贡献香鱼的传统。保津川盛产香鱼。战国时山国皇室领地的人们一直不间断地向衰微的朝廷供奉。甚至今天村里还保存着几张当时的收条。这不是只在古代才有的事情。现在，香鱼仍是流向京都盆地的峡谷中无与伦比的礼物。杉树原木和香鱼是山国这个地方的象征。

第九章　新京都的诞生

——町

京都的町

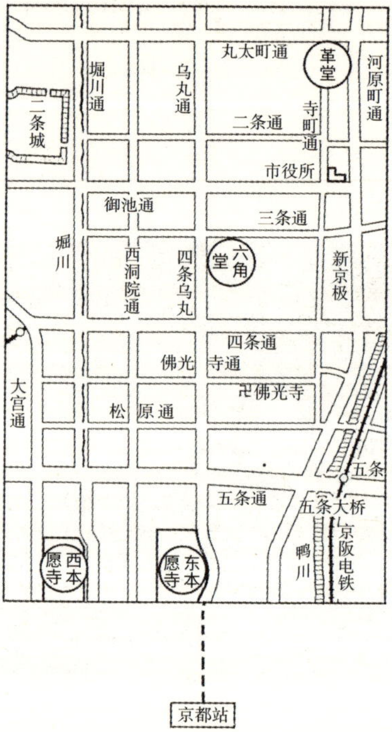
丸太町通
革堂
河原町通
堀川通
乌丸通
二条城
二条通
寺町通
市役所
御池通
三条通
堀川
西洞院通
四条乌丸
六角堂
新京极
四条通
佛光寺通
卍佛光寺
大宫通
松原通
五条
五条通
五条大桥
京阪电铁
鸭川
西本愿寺
东本愿寺
京都站

内乱当中

紧随宗教之后，商业构成了思考中世文化交流的第二轴。从京与白河对称的时代起，京就自然地发展出了被称作“町”的商业区。进入镰仓时代，商家越来越多，人员往来也更加频繁。承久元年（1219），沙门莲阿弥陀佛为了给赞岐国[212]屋岛峰千光院铸造一口洪钟，专程入洛，在六条町化缘，并很快铸造成功。正因如此，从平安末期到镰仓时代，在以这些町通（新町）为中心的室町和西洞院之间的带状地区经常发生火灾。宽喜三年（1231）正月，四条町发生火灾，受灾范围南至绫小路，北到六角町、四条坊门，“商贾之辈”悉数烧毁。文历元年（1234）八月的火灾波及七条坊门南、八条坊门北、乌丸西、油小路东，不计其数的“土仓”——对商业来说非常重要的金融业者——遭受了损失。在那里，被称为“座棚”的各种商店鳞次栉比，这些“座”

是按照商品种类组织起来的，比如三条、锦小路、四条等地以棉座商人居多，他们尊祇园社为本所，被称作神人。在古代律令制下，他们大多曾被称作品部、杂户，从事技术性生产劳动。律令制解体后他们隶属于神社或寺院。所以“座”被认为是凭借垄断生产销售和免除课役的特权为这些人提供保护的组织，也是这些人真正获得解放的手段。

但是，从南北朝内乱时期起，这个局部的带状町就扩大到了整个城市。镰仓时代末期，古老条坊的保开始聚散离合，自然而然地形成区划。这些区划继续被称作町。历仁元年（1238），幕府在京都建立了警卫机构——篝屋，并将其设在新出现的48个町里。到了内乱时期，京都多次成为战场，到处都是废墟。收在《建武年间记》中的二条河原匿名帖写出了“此时都城流行物”，最为准确地描述了都城的情状。从其中一节能看到町的状况是——

每町立篝屋，荒凉五间板三枚。
围幕作役所，遍布各处不胜数。
诸人宅地无定所，半造之家是多少？
去年火灾成空地，粪桶遍地留。
侥幸未烧房，掠去空置无人住。
非职兵仗多，路边礼仪无人守。
花山桃林寂无声，牛马遍华洛。

此后的内乱历经半个世纪，盗贼横行，火灾不断。即便到了室町时代，众多市民仍因大饥荒而饿死或流亡。

在这些天灾战祸之中，在商人们的支撑之下，新的町开始复兴了。町既是居住在京都的人们的地域性生活单位，同时也包含着作为商业区的意义。

应永八年（1401）五月，作为置办如法经幡的奖赏，足利义满[213]任命六角堂法师们为管辖“三条 面总四町 町”的知行。这样的表述说明在三条面的两侧已经形成了一个一个的町。将这些町合在一起就是一个总町。比如应永二十四年八月，在绫小路大宫与四条大宫之间的一处矮屋门前发生了一起为父母报仇的事件。复仇者是主从二人，被复仇者只是孤身一人。因为吵嚷，屋里的人们从“町”聚集过来，最后抓住复仇者，扭送到侍所。在这里，大宫通两边、四条和绫小路之间的一町地形成了一个町，町的保卫工作不是委托给官人，而是由当地町人自主承担的。再比如应永二丨六年丨月，幕府为了保护北野社西京神人的酒曲制造和销售的权益，关闭了京都城内和郊区的曲室，并认定这些曲室都归西京神人经营。这时幕府还和当事人——酒屋或土藏的家主——一起以町或町人的名义联署发誓拆除曲室。甚至还附上了证词，比如来自四条坊门乌丸东南的粫室等处的证词：“以后若有町人造室，应上报。”总之，为了做好防范，开始要求町人负连带责任了。长期天灾人祸的受害体验让町人们产生了自觉性。这种倾向经过应仁文明之乱被进一步强化。

室町时代，足利尊氏[214]将幕府设在京都，所以京都再次成为政治中心，但是这个幕府本身很弱小，只能维持各国守护[215]势力的均衡，所以政治意味比较淡。足利义满时代被认为是室町幕府的权力顶峰，他在北山建造了象征其权威的**金阁**。同时世阿弥等人出世，能剧流行。金阁分三层，一层“法水院”为池泉回游式庭园，并有寝殿造式的旨趣；第二层“潮音阁”为佛室风格；第三层“究竟顶”为禅宗佛殿风格。我们曾在法胜寺看到的那种奇拔性在这里以一种可谓机智的、不甚明显的形式表现出来。为了维持幕府统治，足利义满不能无视公家的宗教权威。他用大量吸收了公家文化的金阁和能[216]等来装饰门面也就是理所当然的了。我想这也是因为只要将政治中心放在京都，就不能无视王朝的存在。

金阁，可谓南北朝内乱的成果。它是怎样眺望着新町的诞生呢？

足利义满虽达到了权力的顶峰，但在他之后，室町幕府的权威开始动摇。在足利义满保持权威的时期，他通过明德[217]、应永[218]等内乱压制了山名、大内等强势守护。但是足利义满死后，在永享之乱[219]中有关东管领之叛；在嘉吉之乱[220]中，将军足利义教最终被赤松满佑打倒。于是幕府的控制力几乎彻底丧失。在这样的背景下发生了应仁文明之乱，以将军和管领斯波、细川两家的继承权之争为主轴，那些守护大名也赌上各自领国的封建统治，参与了进来。从应仁元年（1467）到文明九年（1477）历经11年，不只是京都，还波及嵯峨、梅津、桂，甚至西山、东山、北山也一处不剩都被烧毁，真是“稀有之天魔所行”。南北朝内乱之后发展起来的町也一度被完全烧毁。不仅是新的町，连古老的都城也未能幸免，经历了多次内乱的王朝以来的文化也在内乱中消亡了。拥有八角九重大塔的法胜寺也在这时消亡。其后相隔半个多世纪，在大永七年（1527）春，当时公卿的代表人物三条西实隆拜访了三条公赖，后者在日记中写道：“桓武以来平安都城今已尽失，成无主之都，令人惊诧。”创伤无论如何都难以愈合啊。

京都的主人们

京都已化为焦土，而给京都带来复兴春风的是曾经町里的商人和手工业者，是那些町里的居民。御所的西边形成用上、中、下字冠头的立卖町也在这个时候。复兴也不是一朝一夕的事，各地为了地区内的团结自保而形成了町，住在里面的人被习惯性地叫作“町众”。

一町本是古老条坊最小的单位，是用街道围成四方的一町见方的区划，但新的町却是以街道两边构成一个町，所以自然就形成夹道的龟甲形。这样的几个行列集中起来，就形成亲町。现在在京都市内，之所以能用上、下、东入、西入加町名的方式指示地点，都是多亏了这座城市自中世以来的漫长历史。京都的人们甚至直到今天仍是以和街对面一起构成一个町的形式紧密地结合

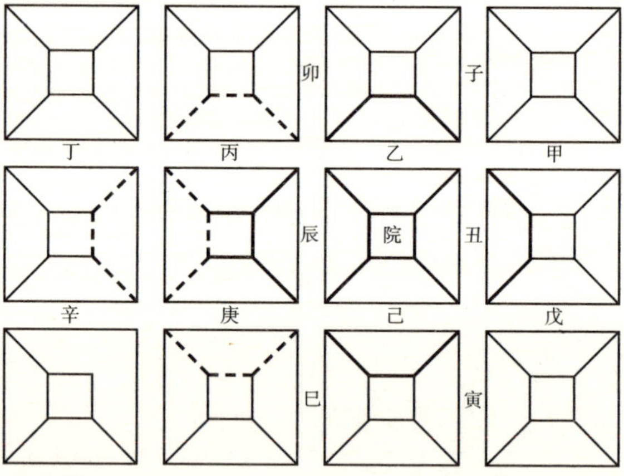

京城的町组　地支的纵町与天干的横町分别联系形成总町（亲町）。到了中世，由中庭保持一个町的侧面和背面的连接

在一起。虽然有东頬、西頬、南頬、北頬这样带“頬”字的表述方式，但总觉得两方合并才是一个面。然而我以为，我们还没有完全失去古老条坊中一町的概念。到了近世，一个面的町之间的交往联系加深了，房屋也越来越拥挤了，而横町、里町之间的关系却逐渐疏远。中世时，正因为水井、晒场、菜地等都是共同使用的，所以似乎有一种相互依靠的安心感。仔细观察一下旧三条家和上杉家藏的《洛中洛外图》[221]屏风就能充分理解。互以背面相对的四家住户分属于四个不同的町，所以一个后院就能将四个町联系起来。这里形成了奇妙的连锁式组合。这么看来，古老条坊的一町并非完全失去了意义。

但是不管怎么说，到了近世，街两边作为一个町的联系加强了。今天，四条通的路面加宽，可以走电车了，但街的两侧仍然同属一个町。新的行政区划试图以四条通为界，分为中京区和下京区，但这样一来就把一个町分在两个区了。在京都的旧城区，居民的感情是不允许像这样利用街道来调整区划的。结果四条通以南为下京区，而面向道路的北侧也划归下京区了。于是这一带的学童必须穿过交通量很大的四条通去上学。这也成了校长的烦恼之一。但是可以说正是这种坚韧的町内组织才是京都人精神的原点吧。

町众当中，无论是谁都可以参与町的经营这种地域性集体生活，于是商人、手工业者就成为了其中心，但也包括没落的公家众和放高利贷的土仓众。町众的生活无疑原本就充满了积极的活力，再加上从那些没落的公家众身上摄取到的古典式修养，以及极其富有的土仓众的经济实力的影响，町的生活就更加丰富了。町与町宛如行列式一般相互联系起来，于是相互的连带感和竞争意识也都增强了。例如中世的町众喜欢在祇园会上比赛所造假山的品位，跳盂兰盆舞时则在华丽方面相互竞争。所谓连带感就是既相互独立、又能经得住竞争，只有在具有了这种均等性之后才有意义。于是各家独立、互不侵犯、不给别人添麻烦就成了町众的信条。这里就是形成町众文化的沃土。

京都町的居住生活中存在一种规矩，就是房屋面向道路的一面很窄，走进去却很深，就像是俗称的“鳗鱼的睡床”。一般认为，中世时会根据房屋正面的宽窄来征收一种叫作地口钱的税，所以为了少交税，人们把房屋的面宽做得很小。交地口钱是事实，除此以外人们还要为举行祇园会共同出资，但若说房屋的结构因此而被规定下来，却是没有确凿证据的，大概是从结果倒推出的结论吧。面向道路的房屋呈现出这样的结构，即卸下房屋的红壳格子，放下折叠长凳，立刻就能变成店铺。从这样的结构，我们能够清楚地看到町众与商业直接相连的生活方式。也许他们都存有这样的想法吧，即在房屋面宽的问题上互相谦让，尽量增加货架数量，从而使町热闹起来。我们肯定能在町屋的二层看到虫笼窗，这只能说是町人们抱有这样的考虑，即强烈意识到店前客人的存在，尽力隐藏内部的难堪，不去俯瞰外面。因此而带来的闷热，对于开店的人来说也是必须要忍耐的。这种虫笼窗在井原西鹤[222]的小说中也能见到，所以在近世，它是随着二层小楼的普及而出现的吧。发生火灾时似乎无处可逃，很是危险，然而町家的老奶奶总是会提醒年幼的孙子说，把虫笼窗往跟前一拉，马上就能取下来。町家房子的一边是叫作“通庭”的没铺地板的土屋，另一边排列着房间，就像“鳗鱼的睡床”所比喻的那样是极为细长的。通庭连着后院，尽头是侧房和土藏[223]。这样看来，中世的町家到了近世，便有经过通庭向后面空地纵深发展的轨迹，这似乎也无意中道出了町人逐渐富裕起来的历史。虽然稍微离开町，来到京都的周边，也能看到有二三百年历史的歇山顶山墙开门式草屋顶的农家，但是可以说，在京都町中，存在着四百年历史所造就的京都房屋的基本格局。

中京兑换商的店头，现在稀有的虫笼窗、折叠长凳是民居的特点

战后，古老京都里的町家也迅速改变，以适应现代化的生活。这本应该是令人高兴的事，但我想说的是，像町家这样利用狭长的地基建起的民居仍是日本民居的典范。

如前所述，各个町具有均等性，就像现在的各家那样，甚至连房屋布局都有一定规格。这样看来，能从各个町里看到的竞争意识也不得不被原封不动地带进各个家里。这也是其主人充满活力的证据。京都的着装生活就是在这里发展起来的。人们批评京都的女性说“京都人穿穷”。这和说大阪人“吃穷”一样，肯定都是江户人对京阪地方的批评。不管怎样这都是近世的现象，但实际上却来源于中世。京都是西阵织的发源地，也是京染的大本营，这样的环境不能被忽视。说这里原本就是吴服[224]之町也并不为过。特别是室町通、衣棚等地，自古就是吴服店鳞次栉比的商业区。现在也是一样。与这样的环境相适应，女性着装的美观和数量便是显示其家庭生活水平的最具体的证据了。说到“穿穷”的话题，经常被拿来作为证据的是京都银座年寄[225]中村内藏助和大坂富商淀屋辰五郎两家的老板娘在京都岚山斗衣的故事，最后中村内藏助家老板娘获胜。这听起来像是在说京都的衣裳更加豪奢，其实不如说大坂淀屋的豪华根本无法以金钱来衡量，所以京都的中村与其说是胜在出人意表的黑色质地上，倒不如说是胜在尾形光琳[226]的艺术上。即使今天京都的服装还有这样的要素。

但这里需要加个说明，那就是，那些服装顶多算是“外出服”，与“便服”完全不同。关于着装生活，很明显出现两个极端。这究竟说明什么呢？一言以蔽之，就是内外有极其明显的差别。京都女性的常服非常朴素，甚至可以叫作工作服。再多说一句，它甚至与被挤兑为“京都的茶泡饭”的饮食生活是相通的。这个短评可以有各种含义，要言之就是准确地表现了简朴的饮食。京都的名产很有风味，但大多是些酸萝卜、酱芜菁、腌油菜花、红腌菜等不费什么工夫的腌菜。这些京都特产作为饮食生活的一个方面被广为传播，但这样的简朴就是平常的生活。

我的理解是，“穿穷”和“茶泡饭”在京都既不特别矛盾，也不互相违背。穿衣强调外，饮食批评内。就像穿穷的反面有平常的工作服那样，茶泡饭的另一极是从前就有的叫作庖丁道的烹饪之道。现在仍有生间流[227]的传人在经营高级料理店。怀石料理、普茶料理之类都是与茶道、禅宗等相结合而发展起来的京都独有的餐食吧。在远离大海的京都，在山国及其四周的河川上游盛产香鱼，所以用香鱼等鱼类制作的川鱼料理也让人大饱口福。也就是说，京都人在外面的饮食生活还是很丰富的。

在内尽可能地隐忍，在外则任何地方都不比别人差，他们就这样每时每刻都守护着与别人对等的立场。这才是町众的气度。再回头看看町家的结构，所有房子的两侧都立着“风火墙”，原来是起防火墙的作用，也是为了不给旁人添麻烦。但它同时也告诉我们，不做风火墙是很没面子的。通过做风火墙，表明他们是不给左邻右舍添麻烦的、合格的町众。

法华之世

京都里的町组织任何时候都是以家为单位的。每个月町内各家轮流担任月行事[228]。即使是现在，如果到旧市区的各町走一走，有时还会看到有的人家屋檐下挂着月行事的木牌。町组织的实体其实已经有四百年历史了，经过战时的邻组制度，现在被町内会继承下来。以前的月行事，只限于有房产的町人在町内轮流担当。因此町内不一定民主平等，有房产的人和租户之间俨然横着一道阶级的鸿沟。在京都，人们较之成为能独当一面的人，更憧憬着成为合格的家庭表率，这在东京是难以想象的。这可能就是来源于町人的认识吧。在近世，这两个阶级

祇园会宵山也叫屏风祭，在中京的町家是比盂兰盆节、正月更让人期盼的节日

之间的关系与农村地主和佃农之间的关系是共通的。

于是，所谓月行事的实质，其实是有产阶层统治着町、代表着町。战国时期京中不稳时，町内全体人员是在有产阶层的领导下共同努力完善了自卫体系。其中没落贵族山科言继等人也没有保持沉默。例如大永七年（1527）十一月，柳本贤治[229]的兵士引起了京中骚动，“世上过于混乱之间，将在此方巷口围起护栅”。十二月一日，兵士“向此町靠近，（町人）将围此町护栅，时欲求竹子之间，（山科言继等）送来十根，（町人用竹子）在此方巷口构筑围栅”。山科言继等人不仅为“围町”提供了资材，还想法“自此方向町中送酒”。巷子是大路与大路之间形成的小路。京都的东北郊，现在已属市内的田中乡一带的人们，也在文明六年（1474）八月，在前几年烧毁的遗迹上以御灵社（现在的田中神社）为中心搭起围子，号称田中构。这种近郊农村地域性团结的必要性现在已经波及市内。在其后的享禄二年（1529）正月，姓柳本的一伙人闯进一条殿的住地，说是要征收地子。这时“突然撞响河堂之钟”，“各町起而围来，发出怒吼之声”。町众已发展到可以进行示威的程度了。

这种自治性的秩序在经历天文元年（1532）的法华一揆[230]之后更加有组织化了。这里需要稍微说明一下已经成为町众宗教的法华宗。前文谈及的禅和净土等宗派也是在室町时代获得町人信徒的。而在此我特别想强调的是，镰仓时代起源于关东[231]的法华宗是先由日莲[232]的弟子从关东传到北陆[233]，再于永仁二年（1294）由日像[234]在上京都之后大力弘扬的。这个宗派的教义以即身成佛为本位，欲使现世娑婆[235]成为寂光土，因而盛行为了现世利益而进行加持祈祷，故而紧紧抓住了更加执着于现世的都市商人。到了室町时代，由柳酒屋等檀越[236]建立的**妙莲寺**、以天王寺屋通妙之宅为寺院的**妙满寺**、小袖屋宗句捐献的本应寺——即后来的**本能寺**等本山相继建立。法华宗可被称作町的宗教，由于进行大规模的教化活动，它的兴盛与旧佛教的天台、新佛教的一向宗[237]发生了对立。特别是在莲如[238]传教活动的引导下，一向宗主要向农村发展，沿近江[239]、越前[240]、加贺[241]一线扩张，直至文明十二年、十三年（1480、1481）以后在北国发动了一向一揆[242]。不久，一向一揆的势力波及畿内，终于与法华宗信徒发生了冲突。这就是天文元年（1532）七月的法华一揆。幕府中，正为一向一揆的兴盛而烦恼的细川晴元等人企图利用这股一向宗的对立势力。据当时的《祇园执行日记》记载，“风闻彼之一向宗欲击退都中日莲宗”，终于“法华宗企图谋叛，与六郎（细川晴元）之众一起攻山科云云”。他们由山村正次这个“柳本一伙中之一人”率领暴动，“率下京上京之日莲宗町人，绕巡东山”，驻扎在六条**本圀寺**的要害，其势三四千，皆京中町人。所谓日莲宗的绕巡，据山科言继在三条京极所看到的情景：“是有一万计，马上四百余骑云云，悉地下人也，兵具以下令人瞠目者也。”

法华一揆的町众不仅与一向一揆为敌，烧了山科本愿寺，而且作为町众们的共同要求，他们还确立了对京都的统治权，并断然停止缴纳洛中地子钱。在与土一揆[243]的延伸——一向一揆相对立这一点上，法华一揆向农民发起的战斗似乎具有反动性，但在断然停止缴纳洛中地子钱这一点上，我们必须说，对于封建势力，他们进行了民众性的反抗。法华一揆的历史意义就在这里。

法华一揆不是单纯的冲动性起义，它对于创造町的自治体制具有重要意义。不久，天文五年（1536）由于比睿山延历寺僧侣的迫害，法华宗信徒撤出了京都。之后，文献上明确记载，在上京，他们成立了立卖组、中组、小川组、西组、一条组等町组；在下京，成立了西组、艮组、中组、巽组等町组。作为町的联合体，有的町组叫作“月行事町”，按顺序轮流担当町内事务。町中有产阶层的实力派人物连町组的事情也必须得管，甚至要通过町组的联合，促进上京和下京的联合。天文十九年闰五月二十四日，一名叫田布施与一家久的武将向“上京月行事”通告，说是后者的部下在洛中徘徊，对此早已严加告诫，若他们因各种风闻而无故捣乱、野蛮动粗，将不上报而斩杀之。这里出现的上京月行事，说明已经存在轮流担当上京事务的町组了。而且像上京中、下京中这样的自治组织也已经形成了。这时的上京月行事已成事务机关，有了代表上京、下京的总代各10名。天文八年二月，这20名总代联署，就酒屋土仓役钱的收取与幕府交涉。这一事件充分显示了总代的性质。这些代表当然不是民主选出的，而是土仓众利用他们的经济实力逐渐取得的特权。

这是在新的专制统治者织田信长[244]进京之前町的状况。

在町组形成时期，扮演主角的原本是商人、手工业者，即町众，特别是通过座的特权和保护而拥有资产的人。可是成为总代的土仓众的系统略有不同。虽然很难对此一一进行考据，但令人意外的是，他们似乎并不是从小市民阶层爬上来的。其中大多数是曾经的武士，他们在南北朝以来的内乱时期，或是移居到京都，或是入赘，逐渐变成了町众。这样的町众化过程，就是通过购买座头职务的形式，自上向下掌控座这个组织，也即掌控京都商业的发展。这样看来，这个时期总代众的来源对日后町的发展还是很有影响的。在这一点上，也可以说曾经发生法华一揆战斗的天文初年正是京都町的转变期。

第十章　京都之町的正中央

——鉾之十字街

显示町众意气的山鉾巡行

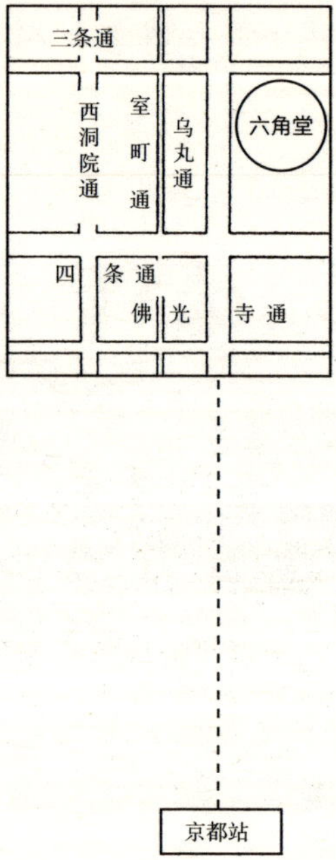
三条通
西洞院通
室町通
乌丸通
六角堂
四条通
佛光寺通
京都站

京之脐

在京都，位于中京六角通乌丸东入的**六角堂**中有一石，名叫脐石。据传这座寺院祭祀着一寸八分的如意轮观音，曾是圣德太子所持的佛像。后来这里成为西国三十三所[245]巡礼的灵场，被中京的人们亲切地称作“六角”，庙会时来这里的人熙熙攘攘。从前这一带是山背国折出乡一座被叫作土车里的森林。据说圣德太子为找寻难波[246]四天王寺的木料来到这里，发现了灵木，并首先在这里创立了六角堂。但是在营建平安京时，这座庙堂偶然处在道路的中央，所以天皇宣旨将其迁往别处。结果庙堂一夜之间向北挪移了五丈，顺利让出了道路。据说本堂中心的础石被留在了门前，因为形状类似于肚脐，故而被叫作脐石。人们认为这里才是京都的中心。现在这块脐石已经移入东门内，被封在石板路中间。因此而得名的“脐石饼”也非常受善男信女的欢迎。

被昵称为"六角"的六角堂的象征。这一带的庙会因露天市场而热闹非凡

但是这个传说渐渐被人遗忘了，即使是京都人，知道的也寥寥无几。

在这个传说中，将础石比喻为肚脐是很容易理解的。这块石头呈六角形，中央有一个肚脐状的洼。但要将它看作"京之脐"的话，就需要回顾一下京都町的历史了。在京都町的历史中，六角堂的确在一个时间点上被视为京都的中心。那就是天文元年（1532）九月即将爆发法华一揆的时候。一向一揆迫近京都，其势凶猛可怖。这时町人每天都敲响集会的大钟。上京是革堂之钟，下京是六角堂之钟，终日终夜如针刺耳，末世狼狈之状，不足道也。正当此时，这些町众一变而成法华一揆之众，走上战场，终酿"天下之错乱"。由此看来，六角堂与上京的**革堂**并称，是作为新的商业城市成长起来的下京的中心。下京之众以六角堂为中心，以六角堂之钟为号角集合在一起的情景已经活生生地浮现在眼前了。

这座六角堂并不只是在町众一揆时才被人想起来，它与人们的日常生活也有紧密的联系。即使根据丰臣秀吉的城市政策，六角堂也没有从现在的地方移开，这究竟是什么缘故呢？我们不应忘记，六角堂同时也是插花的宗家。据说在六角堂一带还是土车里森林的时候，就有一个圣德太子来这里沐浴清水的池塘。太子的事姑且不提，至少可以相信的是，这一带确曾有很多池塘。据说池边建造的僧房就是池坊[247]。

原本始于为佛供花的花道从王朝时代发展起来，比起佛来，它更使人愉悦。从镰仓时代起，插花出现在七夕会等场合，室町时代更是达到流行的顶峰。它不仅流行在宫廷以及幕府的周边，而且不久就成为各町集会上的一个主题。说起町中的集会，那曾是一个给狂言提供合适素材的地方，除此之外，还有连歌的初学者讲座（蜘盗人[248]）、斗茶（止动方角）、盆景以及插花（真夺），甚至还有讨论祇园会山车的集会。插花在町里流行的时候，出现了一位被称作花道中兴之祖的人物，叫池坊专庆。

茶与花

室町时代当然是由被称作花之御所的室町幕府统治着京都。但即使是在室町幕府最为华丽的足利义满时期，在各国强人的守护势力面前，幕府的控制力也并不强，内乱此起彼伏。在财政方面，幕府几乎不能指望从御料所[249]等土地收上来租税，只能从京都及其周围的酒屋、土仓等高利贷业者那里征收课役。而酒屋役、土仓役的保障就是他们作为主体来经营的日明贸易。所以日明贸易对于室町幕府来说就是一条生命线。通过这条路径，他们从中国陆续进口了大量所谓的唐物。绘画自不必说，甚至还有雕物（漆器）、胡铜之物、茶碗（瓷器）、土物（陶器）、叶茶壶、抹茶壶、文具等。唐物本身当然是舶来的奇珍异品，但是财政对贸易的依赖也对形成唐物崇拜的氛围起了很大作用。在这方面，虽然幕府的权力已经衰微，但以将军足利义政的银阁寺为中心的东山文化却华彩纷呈。

如果用一句话来评论东山文化，可以说就是阿弥的艺术。本应作为人们聚会的场所而兴盛起来的茶会在唐物泛滥的地方变成了专门欣赏茶器的活动。这叫品茶。不仅茶会，甚至花会上也兴起比起花来更看重花瓶的风气。在北山殿就曾举行过五十人名瓶花会这种以名瓶为中心的花会。伴随着这种风气，唐物、器物的鉴赏家受到尊重，甚至还产生了处理这些器物的特定技术。不久，想办法搜集器物也增添了新的鉴赏趣味。结果茶和插花的艺术性被认为存在于举办茶会和花会的场所同被用于这种场所的器物的和谐和匠心之中。于是鉴赏和处置这些唐物、器物的专家逐渐成为茶和插花的专业人员。这个来龙去脉便不言自明了。这些专家都是侍奉在将军、大名身边的同朋众[250]，是以能阿弥、艺阿弥、相阿弥为代表的被称作阿弥的人们。他们或

一种说法认为同仁斋是四叠半茶室的起源，一视同仁是与茶之心相通的

原本身份低贱，或在内乱中跌落到社会底层，所以如果不出家脱俗，就不可能靠近有权势者。他们很多是时宗的信徒，因为时宗是出家最简便的宗教。例如在将军足利义政时受命为相国寺、东山山庄造园的河岸贱民善阿弥就是阿弥之一。足利义政在山庄造银阁，建东求堂，并将东求堂居室命名为同仁斋，而阿弥们则在一视同仁的氛围中出色地完成了他们的工作。

在东山殿的茶和插花作为阿弥的艺术陷入器物本位主义的时候，被称为茶道之祖的村田珠光[251]和花道之祖池坊专庆却在民众的氛围中长大，同时也对贵族趣味有着深刻的理解，他们最终将茶和插花从阿弥的手中解放出来，传播到了町众之中。据说村田珠光的茶屋位于六条堀川，挂有足利义政[252]手书的

“珠光庵”匾额。茶道由珠光的世嗣村田宗珠于大永年间（1521－1528）传播到京都下京的最底层。村田宗珠的茶屋被赞为“山居之体尤有兴，诚可谓市中隐，当时品茶之根源也”。于是茶从阿弥的艺术转变为町众的乐趣。

在茶道史上，村田珠光的后继者是武野绍鸥[253]。他从堺[254]上京，受教于村田珠光，在四条室町上的夷堂[255]旁边，同样以市隐的情怀居住下来。所居之庵号大黑庵（现在的金刚能乐堂即其遗址），既透着夷堂之邻的洒脱，又体现了町众对福神的憧憬，甚是有趣。较之村田珠光，武野绍鸥让茶室更贴近民众的世界。他将贴鸟子纸[256]的茶室墙壁改成土墙，将木格子变成竹格子，不装饰台子，使其成为适合町众品茶的草茶室。千利休[257]生于堺，其祖父本是足利义政的同朋众千阿弥，是和相阿弥等同辈的人。千阿弥在其晚年侍奉的将军足利义尚[258]阵亡之后迁居到堺，千利休的父亲与兵卫取千阿弥的千字为姓，可算是超越阿弥这一特殊地位的一个案例。

历史上的东山文化留下来许多东西，特别是日常生活部分，极其丰富。神龛、高低搁板、茶室等住宅建筑的结构自不消说，茶道、花道等传统艺术的祖型也在这里。然而正因为有了继承这些东西的町众，它们才能成为今天的传统。

祇园会

应仁文明之乱以后，能够再次看到祇园会的山鉾已经是明应九年（1500）的事情了。虽然祇园会在大乱以前已经极其兴盛，可谓“鉾山美丽，惊人耳目”，但随着大乱的爆发却经历了29年的废绝期，直到明应五年（1496）才有了再兴计划，终于在四年后得以实现。但那也还只是形式上的再兴，又过了一两年才一切恢复到乱前。茶会、连歌会自不必说，就连舞蹈、大灯笼之类的活动也有益于市民的集结和组织，而幕府对这些活动从不怠于警戒，总是尽量加以制止，所以我认为祇园祭祀的复兴也并非易事。但是必须说，这个复兴起来的祭祀活动已不再属于朝廷，也不属于幕府，而是属于町众的祭祀活动了。

所以天文二年（1533）六月法华一揆统治京都的时候，幕府以延历寺山门之诉为由，突然停止了祇园神事。于是各町的月行事、触口、杂色[259]等蜂拥来到祇园社，要求神社“即使无神事，也请山鉾巡行”。在这极其简单的话语中可以看到京都町众对于祭祀活动的极其清晰的想法，即明确地区分为：神事是神社的活动，山鉾巡行是各町的活动。在四条通两侧经营店铺的町众们都交了“祇园会地口钱”这笔依据店铺规模而交的费用，所以要把山鉾巡行继续下去。在永禄九年（1566），四条八坊的地口钱是八十文。当时一百文可以买一斗二升的米，所以这个负担绝不算轻。但正因为是节衣缩食来守护的祭祀，所以町众们打心眼儿里看重这项祭祀活动。

町众们在各自的町里，针对每年从各町推出来的山车商量各自的意向，很是下了番功夫。町中先选出负责该事务的头役，然后以头役为中心，再加上月行事，大家聚在一起讨论决定。狂言《阄罪人》巧妙地捕捉到这类会议的情景。在会议上会有各种各样的意见。现在已完全固定下来的山鉾在当时似乎是根据大家的意见，每年都有创造和变化，的确是栩栩如生。我们知道，现在后祭[260]中不通过抓阄而每每立于山车前头的桥辨庆山[261]其实早在《阄罪人》中就已经固定成“每年必出之山”了，从中能够看出它拥有多么高的人气。

前祭中不用抓阄的是走在前头的长刀鉾，一般殿后的则是船鉾。长刀鉾最强烈地保留着消灾除厄的巫术性含义。这么看来，鉾是祇园御灵会的根本。山车最早是在长德四年（998）由京中的杂艺法师无骨模仿大尝会的标山而制成的，所以属于祇园会的余兴。虽说是余兴，祈求各町的平安却也是题中应有之义。山车上面还竖立着松树，那是神的寄坐[262]。山车传到现在，其内容主要表现了信仰和传说，其中尤其难以撼动的是得自谣曲[263]的主题。町众们有多么喜爱能、多么喜欢默诵谣曲——这个实例恰能反映出其教养的一个方面。

山鉾巡行原来的路线是围绕音氏子区域的，明治维新使用新历之后，7 月 17 日的前祭改为从鉾町经四条通行进到寺町，然后南折到松原，再从松原通西行，在新町北折，回到鉾町。24

日是后祭，经三条通行进到寺町，再南折到四条寺町，然后经四条通西行，在新町北折，最后回到鉾町。巡行时一边从山车上向各町撒粽子，一边为市民祈祷消灾除厄。昭和三十三年（1958），前祭的巡行路线变成从四条寺町北折，穿过御池通。这时发生了“信仰还是观光”的争论，这是更加强调京都观光政策的一个转机。然而，如果这个变化遵循了町人的意志，那便是没有办法的事。这就是时代的潮流吧。

随着京都的发展，京都的中心也经常发生移动。在将六角堂视为京之脐之前，曾有一个时期人们认为京都的中心是大内。但是从桃山到江户时代，町的中央被认为是四条室町。站在这个十字路口，东为函谷，西为月，南为鸡，北为菊水——在一町之内能够同时看到这四只鉾的，在京都的町中，只有这一个地方，所以自古以来它就有一个爱称——“鉾之十字街”。从十字路口稍向上行，就是从前的夷堂和大黑庵的遗址，还有金刚能乐堂。这里似乎代表着町人的教养。

现在过山鉾巡行的前夜，即宵山之夜的人越来越少，但在鉾町还能看到店头立着屏风，铺着藤席，全家轻松自在的情景，就像吉井勇的歌中唱的那样：“来到京都的宵山，漫步在鉾町，人说这里有宗达的屏风。”这样的风情最令人心醉。在鉾町漫步，不能忘记占出山[264]。在那里，你会被町内的孩子们反复唱诵的歌词所吸引：

顺产的护身符现在要出
平常不出，只限今晚
抱有信心的人们
领到之后再回家吧
献上一根蜡烛吧

大路上的人流络绎不绝，点亮了马驹形灯笼的山鉾清晰可见，远处传来祇园伴奏乐的声音。新一年的今宵留下了比盂兰盆、比正月更加鲜明的印象。

京都七月一个月的时间几乎都是在祇园祭中度过的。这个时节是夏季的巅峰。一到八月，在参拜六道的喧嚣之后，还有大文字，还有地藏盂兰盆。不消说，大文字的灯火就是盂兰盆会的送魂火，据说始于将军足利义政时期，一说认为大字是三藐院近卫信尹的字体，其创始难有定论，但它是由当时的町众和近乡的农民点亮并一直传到今天的。除了“大”字，在松崎有“妙法”字样的送魂火被点亮。在那里，曾被认为是天台三千坊之一的欢喜寺由于日莲弟子日像的传教而改宗法华，号妙泉寺。更有历代日生上人将法涌寺作为法华宗最初的檀林来经营。这样的历史是以町众们果敢的法华一揆为背景的（现在妙泉、法涌合并，叫作涌泉寺）。至于船形的送魂火，我们也不得不承认，不单单是精灵舟[265]，还表达了当时町众向海外发展的强烈愿望，以及在严格的锁国期间将点火坚持下去的意志。正如祇园会所体现

“不觉抬眼望，大文字火送无常，映在君眼帘。”（吉井勇）

的那样，大文字、妙法、舟船都是应仁之乱以后町众团结的象征。如果认为祇园会是在夏天的烈日之下所进行的动态民众示威的话，那么大文字就是装点初秋之夜的静态示威；如果说祇园会象征着下京的力量，那么就可以说大文字代表着上京。京中各町富有特色的地藏盂兰盆在八月二十三、二十四日举行，虽然完全是孩子们的盂兰盆节，但作为町众的连带感就是在这样的孩提时代养成的。换言之，将其看作在京都各町进行的、朴素的社会教育也不为过。摆在各町入口的大行灯、吊在房檐上的小行灯、灯上描画的各种各样的文字和绘画——孩子们多多少少就是抱着对这些东西的回忆成长起来的。

绕过这些町，再次回到鉾之十字街就会发现，四条室町不仅是祭祀时的中心，的确也是京都的中心。从应仁文明之乱时起，负责京都警备的四座杂色们就用四条室町的十字路将京都分为四方。据《杂色要录》载，起源于镰仓时代的杂色家在室町时代初期只有荻野、五十岚两家，而在将军足利义教时又增加了松尾、松村两家，成为四座。五十岚掌管乾方，町数五十二町、村数六十四村；松村氏掌管坤方，町数三十五町、村数九十五村；松尾氏掌管巽方，町数八十五町、村数百六十八村；荻野氏掌管艮方，町数三十九町、村数四十六村。他们负责管区内法令的传达、宗门的查验、宅地诉讼的上传等，还要列席法庭，进行检使追捕，在天皇即位以及将军上洛时负责供奉，还要负责皇族、摄政家的警卫和祇园会的治安等，职务范围涉及多个方面。他们把京都的地子钱当作工资，但丰臣氏掌权以后把西院村划归为知行地[266]，此外还从祇园会的地口钱中得到费用。所以这些杂色家既属于幕府，也属于町。京都的警察权是以四条室町为中心划分的，可以说这件事最为雄辩地说明了四条室町在整个中世、近世一直是京都的中心。

第十一章　吹进京都的新风

——伏见

伏见滩上的酒藏

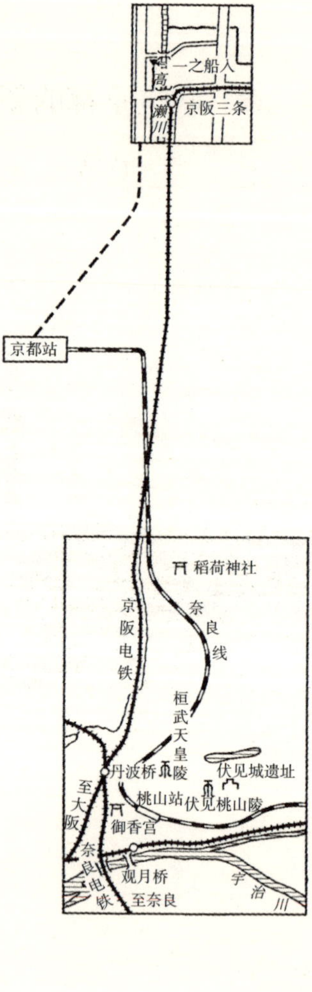
一之船入
高瀬川
京阪三条
京都站
稻荷神社
京阪电铁
奈良线
桓武天皇陵
伏见城遗址
丹波桥
桃山站
伏见桃山陵
至大阪
御香宫
奈良电铁
观月桥
至奈良
宇治川

小京都

全日本叫“小京都”的地方有很多，周防[267]的山口就是其代表，而与之邻近的石见[268]的津和野、东边飞驒[269]的高山、南边土佐[270]的中村等地也很有名。这些“小京都”在哪些地方具有京都特色呢？若做最单纯的思考，那就是“山紫水明”。若有相当于比睿山的山，有可比拟于贺茂川的河，那么京都的名胜就会迁移到那里了。石见的津和野有丸山公园，有鸣泷。稻成神社恰如京都的稻荷山景观，还建有红色鸟居绵延的隧道。甚至还有古老的祇园会的鹭舞被传到弥荣神社。但当时的现实是，人们学习京都王城之地的风格，欲以之为统治领地的权威。

在“小京都”的代表山口，祇园连同山川景观一起被迁来。山口的八坂神社是在南北朝时代的应安二年（1369）由大内弘世[271]从京都请来的。虽然后来神社所在地变了，但永正十七年

（1520）大内义兴[272]时期建立的社殿也被搬到了现址，从而成了重要的文化遗产。大约从那个时候起，白鹭开始了从京都向地方的巡礼。这须稍加说明。京都祇园会的山鉾巡行中有一个笠鹭鉾，它曾出现在南北朝时完成的《尺素往来》一书中，但该书在江户时代初便已散佚，没有传到今天，今人仅能从绘画中一窥笠鹭鉾的风姿：在太鼓桥上，一只白鹭举着伞站立；在这柄风流伞（加以雕琢的花伞）下，两只白鹭翩翩起舞，周围是戴着乌帽子、穿着袴的男子在用鼓笛、钲、羯鼓等乐器伴奏，所以可以推测，两只白鹭大概是随着伴奏、一边舞蹈一边行进的。除了做这样的想象之外，我们已经无法复原白鹭舞的辞章和动作了。但我们知道，实际上石见津和野的弥荣神社还传承着自古流传下来的鹭舞。而这个白鹭先是被传到山口的八坂神社，又于天文十一年（1542）六月从山口转移到津和野。这虽是当时的领主吉见正赖[273]的主意，但是鹭舞从山口这个大领主国的统治中心迁到石见一国的统治中心津和野，这件事应该可以被理解为这样一种现象，即小京都又生出了孙子辈的京都。被迁到津和野的鹭舞自天正末年起逐渐衰落，在坂崎出羽守[274]入城时曾一度灭绝，但是后来龟井氏[275]入城并致力于各种事物的复兴，第三代龟井兹政更于宽永二十年（1643）直接向京都派人学习祇园会的鹭舞，使其舞姿从翌年——正保元年的祇园会起传至今日。据说在每年七月二十日弥荣神社举行神舆巡行和二十七日回銮时，在町内各重要地点都能看到献舞。

落在桥上的鸟儿是什么鸟
是河鹭，是河鹭
啊，河鹭哟
白鹭过桥了
白鹭过桥了
淋着阵雨过去了，过去了

无论是在京都还是在山口，它都失去了踪影，唯有在津和野，不仅是舞蹈，甚至连歌也传了下来。津和野町从事商业、手工业的十二家人家建立了腊座等座，每年选定一家为当屋[276]，负责祭祀活动的全部事项。到了巡行之日，白鹭从当屋家出来，

津和野，适合跳白鹭舞的传统之町，西周和森鸥外也出生在这里

在完成神舆供奉之后又回到当屋，等待神舆回銮之日。活动一结束，它就舞进翌年的当屋之家。白鹭就这样巡历十二家当屋。这种在津和野町经营商业并以座的形式与弥荣神社相联系的人，是在商业上受到领主保护的特权商人。而这些人的祭祀活动是由在祭日供奉鲭鱼和跳鹭舞来体现的。本来这些座众应该亲自奉献演技，但他们只负责出资和组织活动，将奉献舞蹈一事委托给特定地区的人们了。于是在跨越三百年的漫长历史之后，这出白鹭之舞又将它的舞姿传回了山口，使山口的鹭舞得以复活。在昭和三十年（1955）京都祇园会迎接神舆之日，鹭舞甚至从津和野回到了京都。

就这样，京都及其风物被迎进地方领国的城下町[277]。关于屏风《洛中洛外图》的画题，旧三条家藏是将禁中（御所）和公方（幕府）置于左右两边，旧舟木家藏是将二条城和大佛殿两相对照来描绘洛中洛外町众的生活。我们知道，在它们被制作出来的时代，京都是一切的中心。但即便是在领国，这一画题应该也会特别受统治者的欢迎。当时，京都文化随着连歌师和物语僧[278]的脚步传遍全国，而地方的文物也相继进入京都。“飞驒之舞”（飞驒）、“因幡舞”（因幡）等舞蹈在京都大受欢迎，好像还被吸收进歌舞伎舞蹈的辞章中。但这些还不是京都与地方交流的全部。

在织田信长之后，丰臣秀吉统一了天下。这时，他首先在具有悠久历史的京都建造了以聚乐第之名为人所知的城郭，继而又营造了伏见城。这与院政时代将今熊野、今日吉甚至今伊势的信仰对象硬塞进京都不同，而是具有迫使京都自身变质的意味。但是，京都自古以来的规矩又将怎样接受新统治者带给京都的所谓城下町化现象呢？结果天下一统的大城下町被建在了江户。而在京都，可以说两者通过将城下町合并到伏见的形式达成了妥协。

伴随着古老的京都以小京都的形式扩展到地方，新的城下町也侵入了京都。在中世到近世的社会大变革面前，京都也未能置身事外。

桃山之梦

在建造伏见城之前，丰臣秀吉在京都强制实行了三大政策。从某种意义上说，他是试图把京都改造成封建都市，即变京都为城下町。

由于统治者的专制，京都已经倍受煎熬。管领细川[279]代替以前的将军统治着京都，之后又有其家臣三好长庆[280]，以及三好的家臣三好三人众[281]、松永久秀[282]等。永禄十一年（1568）九月织田信长进京时，京都人又感受到与这些统治者完全不同的统治。无论是谁都能感受到新时代的到来，但他们期待新时代的心情是和恐惧的心情交织在一起的。当听到织田信长进京的消息时，时人的记录中出现了“京中骚动”的记述，这正是京都人心情的反映。继而在永禄十三年三月织田信长再次进京时，上下地下人[283]被强制每町出五人到吉田附近迎接。不久，元亀四年（1573），织田信长要求上下两京缴纳矢钱，以换取对京中的警备和安全保障。当上京表示拒绝时，织田信长立刻对其实行火攻。上京有很多公家、武家的邸馆，传统气氛浓厚，而下京则是商人、手工业者的居住地，颇有新兴城市的气息，在经济上也能负担得起矢钱。在这样的专制统治者面前，町众们几乎处于无力的状态。但是明智光秀[284]在本能寺打倒了织田信长，免除了京都的町地子，坐拥天下三日。因有此一德行，所以在他死后，各町为他祈冥福而祭祀地藏，并成为一个传统，其中略微体现了一点町众的抵抗。较之织田信长，丰臣秀吉更加致力于京都的复兴，更加关注町众的经济实力。他不像织田信长那样进行弹压，而是与后藤、角仓、茶屋那样的富商相互提携，将他们吸收进来作其政权的支柱。但是把京都改造成封建都市仍是其主要政策。

其一，天正十八年（1590），他根据平安京的规模，调整了町的区划。在寺町、高仓之间，堀川以西、押小路以南的地区，每半町开一条南北走向的道路，果断地将之划分成细长方形。但是我认为重要的是思考进行区划调整的另一面。那就是，在高仓、堀川之间，下京古町的风貌最终没能改变。但这个区域正是以四条室町为中心举行祇园会的鉾町。鉾町的紧密联系让丰臣秀吉的政策也不得不承认了这个例外。

其二，散布于市内的寺院集中到东京极和大宫通西侧附近，前者称**寺町**，后者称**寺之内**。今天许多寺院不是衰落就是退到里街去了，寺町也变成了商业街，本山寺院内部耸立着钢筋混凝土的会馆。但是，从前这种曾使京极变成寺町的权力甚至可以与中世的宗教权威相抗衡，所以是绝对巨大的。特别是考虑到法华一揆的历史，法华宗本山被认为是这种宗教权威的主体。这样看来，甚至说这些寺院是守卫京都的堡垒也不为过。

其三，天正十九年（1591），在四周围起总长达五里二十六町（约23公里）的堡垒御土居，与外界的交通只限于俗称京七

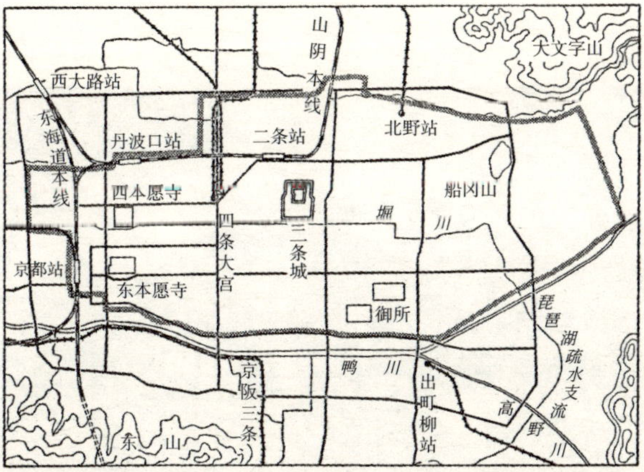

御土居复原图　从近代的城市规划来看，御土居也是应处理的障碍物。正因如此，保护史迹才是当务之急（据西田直二郎博士《京都史迹研究》所收图）

口的粟田口、鞍马口、丹波口等七处通道。平安京虽有罗城门，但罗城终于没有建成，现在丰臣秀吉将它建成了，东到贺茂川，北至鹰峰，西到纸屋川，南至九条。这只不过是重新规划了京都的规模而已。现在它的遗址还完好地留在北野神社的西边，在纸屋川畔还能看到它的断面（除此之外，还可以在河原町广小路附近和鹰峰看到其规模）。我想重新思考一下，当年围起御土居的时候，京都的中心又是在哪里呢？这当然是以丰臣秀吉的角度而言。结果发现，他的计划是以装饰一新的聚乐第为中心。但是由于丰臣秀次[285]之事，聚乐第很快破灭，仅在西本愿寺的**飞云阁**还留其一部，御土居的残骸也散落各处。

于是丰臣秀吉在伏见重新燃起改造封建都市的热情。**伏见**

聚乐第豪奢的遗迹被迁移到这座飞云阁和二条城，显示了桃山建筑的机智

作为京都的替身，成为横陈在丰臣秀吉面前的牺牲品。但也可以说，伏见是因为丰臣秀吉才登上历史舞台的。

歌舞伎歌词有云：“走在木幡山路上，月照伏见，以草为枕。”伏见自古便是名邑，但其交通上的位置未必重要。比如去往西国的陆路就是沿着鸭川和桂川连接到山崎，去往大和的道路一般也是从深草越过山岭，走水路的话从淀逆流而上，在鸟羽登岸，所以都离伏见很远。中世时虽然也有贵族在伏见建别业，却没有更多的发展；虽然有好不容易才形成的一排排町家，但在应仁兵火之后也都荒芜了。直到文禄三年（1594）正月丰臣秀吉计划筑城以前，伏见几乎没有受到过重视。

丰臣秀吉的经营是以彻底改造当地为目标的，并试图在那里建设城郭。他将丘陵、沼泽巧妙地纳入防御体系，在宇治川构筑堤防，在陆上和水上确立交通要冲的位置。可以说完成了天下一统大业的丰臣秀吉充分发挥了他的实力。伏见很快转变为雄伟的城下町和出色的港町[286]，大名们相继建起宅第，商人们很快云集于此。今天在伏见还能看到毛利长门、长冈越中、筒井伊贺、羽柴长吉等很多以家臣的名字命名的町名，同时也能见到有城下町特色的商业、手工业的町名。但是它们的生命与丰臣秀吉一样并不长久，仅仅维持三年。丰臣秀吉辞世时曾咏和歌“难波梦中梦”。秀吉死后，在德川家康的统治下，有地震，有战祸，伏见在连番灾祸中于元和九年（1623）被拆毁，一并化作了梦中梦。不知从何时起，这里的城山也变成了桃林，被取名为“桃山”。这是一个连丰臣秀吉也不知道的、如同美丽春梦一般的名称。不久，丰臣秀吉时代的文化就被称作桃山文化，这或许也是出于站在荒城上的怀旧之情吧，但我却觉得这个名字与其豪华的样式正相符。

伏见城虽然毁灭了，但桃山文化至今仍保留着壮丽的风采。在战乱中荒废了的京都各町失落了王朝的珠玉，而伏见城的遗构却宛如宝石箱一般散落在与它渊源极深的京都神社和寺院中。构成桃山文化主调的当然是黄金，是从甲斐[287]、佐渡[288]、石见等地的金银山开采来的，依托京都、堺、博多的富商，显示着这个政权伟大的经济实力。这份遗产的产生不单是靠丰臣秀吉这个权力者的力量，正如我们已知的那样，身为上层町众的富商们也发

西本愿寺唐门，告诉我们丰富的桃山之梦，该寺有特别多的伏见城遗构

挥了巨大作用。也许正是由于这个原因，桃山文化那华丽的身姿与町完全融合，得以保留下来。在丰臣秀吉死后，营建**丰国庙**时，伏见城的唐门（现在西本愿寺的唐门）立刻被移走了。在伏见故地，**御香宫**还留着个门，但成了废城以后，它的殿舍也相继被移到二条城、**西本愿寺**等地。在这些地方我们至今还能尽兴地品味桃山之梦的痕迹。能舞台也和伏见城的大书院一起被移到了西本愿寺，直到今天我们还能在这个舞台上欣赏能剧。

高濑川

德川家康掌握了政权，在江户开了幕府，同时伏见城毁灭了，政权也离开了京都。但是伏见在交通、商业上的地位却没有消亡。作为新的造酒之町，酒藏也多了起来，从产业上看已经是令人瞩目的一个地方了。这样看来，对远离政治的京都今后的繁荣，伏见必须发挥重大的作用了。于是一个构想诞生了，那就是将具有港町价值且得到承认的伏见与京都联系起来，并用船运这根大动脉将大坂和京都连接起来。这大概是出自当时机敏的町众的共同智慧吧。明治维新时，都城迁到了东京，京都的人们拿出了一致的意见，就是从琵琶湖输水计划中去寻求新的繁荣。

承担这项重大事业的是角仓了以[289]。角仓氏属近江佐佐木氏一族，本姓吉田。家祖吉田德春来京城行医，为足利义满、足利义持[290]看病，后来退隐嵯峨。第二代吉田宗临经营土仓，号角仓。嵯峨的角仓显示出其商业上的实力是在永正（1504－1521）、天文年间（1532－1555），即第三代吉田宗忠的时候。吉田宗忠有二子，长子吉田光治早夭，次子吉田宗桂继承家业。吉田宗桂以家传老本行医术而闻名，天文八年（1539）、十六年两次陪同天龙寺的策彦周良赴大明国，成为在异域彰显其名的名医。角仓了以是吉田宗桂的长子，他让二弟吉田宗恂行医，自己专门经营土仓。当时嵯峨的土仓是由四五名同族人连锁经营的，但角仓了以娶了叔父光治的嫡子荣可的女儿，因而处在土仓的中心地位。他依靠高利贷资本，到安南国贸易。丰臣秀吉统治时期的文禄元年（1592），在京都，他和茶屋四郎次郎、伏见屋的两家一起成为朱印船[291]之家。伏见屋的实体今已不明，大概是进出伏见港町的京都有实力的町人。

庆长九年（1604），角仓家更在土木工程事业上展现了其经营手段。我认为，如果考虑到丰臣时代已去、前一年江户幕府成立这一形势，那么土木事业与新时代的乡土繁荣就不是没有关系的了。他长期居住在嵯峨，深切地感受到丹波与山城之间的交通是多么不便，以及山城所仰赖的、由丹波供给的米谷、木材等物资又是多么丰富，于是他计划开凿大堰川，建一条水路，以取代艰难的山路。第二年，他派长子与一赴江户，得到了幕府的许可，于十一年三月动工，仅用了半年时间，八月便竣工。

于是从丹波国船井郡世木村经八木、保津到嵯峨，第一次通行了高濑舟。收取通航费、仓库费等利权当然是他所关心的，但还不仅如此，他是心怀京都的经济发展才做这项事业的。由于这次成功，幕府于庆长十二年（1607）命他疏浚富士川，继而又命他开凿天龙川。

庆长十四年正月正巧要重建京都方广寺大佛殿，于是角仓了以为了大型材料漕运的便利，计划疏通贺茂川水道。庆长十五年六月举行了建大佛殿的地镇祭和开斧仪式，翌年秋基本完工。而水路这时已经修到了三条桥下。这年十一月，与一到了骏府（静冈），《骏府记》载："角仓与一自京都来云：'大佛殿渐成上瓦'云云，淀、鸟羽之船直至三条桥下，是与一之父了意（以）决河疏流而成之。"正如这里所云，以大佛殿的资材漕运为契机，将京都三条与淀、鸟羽联结，并连通了大坂，结果这件工作就有了意义。但是角仓了以对疏浚贺茂川不是很满意，因为像贺茂川这样流水无常、泛滥肆虐的河流现在只因重建大佛殿而做出临时举措，终究不能期待其为永久设施。

于是在庆长十六年，他再次请示幕府允许开凿与贺茂川平行的高濑川，从二条将贺茂川河水引到伏见。他首先以二条樵木町（今木屋町）为起点，在东九条村（今在市内）的西南建河道，使其与贺茂川汇合，继而从贺茂、高濑两河汇合处横穿贺茂川，通过竹田村，在伏见流入淀川。这样一来，高濑川就被分成两条河道。但是由于两条河道的竣工，来自大坂的船只就不用绕行鸟

连接京都和伏见的高濑川，“一之船入”是发船的码头，角仓宅第变成了织殿

羽，可以直接从伏见到达京都的中心。因为是一条运河，所以整条河几乎都保持水平，舟行多得其便。河道全流域都是自费购买土地，河床以外的两岸河滨之地也要上缴年贡银。据说总工费达 75000 两。这些都是自筹。竣工之后，每年九月到次年四月是京坂间运输最为繁忙的时期，航行总船数为 159 艘（沉船 1 艘，以后未得许可），每艘船一次征收船费两贯五百文，其中一贯文上交幕府，二百五十文支付船只加工费，另一贯二百五十文为所得。一年再加上折返的八个月，其收入是极其庞大的。但这不仅是角仓氏的利益，随着高濑川的开通，在京都的中心出现了**内滨**、米滨、菊滨、富滨等码头，也给这里带来巨大的利益。

木屋町木材、薪炭、大米的批发店鳞次栉比。京都吹进了意想不到的新风。

我在结束忙碌的工作后，喜欢沿着似流不流的平缓的高濑川，漫步在刚刚吐出嫩绿柳芽的美丽的木屋町。二条的角仓宅第在明治时变成了织殿，现在仍保留有跟从前一样的“一之船入”[292]，让人遐想往日的繁荣。三条还有角仓了以建立的慈舟山**瑞泉寺**，是凭吊文禄四年（1595）在三条河原被枭首的丰臣秀次及其妻妾、幼儿的地方。寺内有秀次妻妾们辞世时的种种物件，还有角仓了以的木像。木像与嵯峨**大悲阁**的形态相同。能在这里看到角仓了以的宏大事迹和他的慈悲之心，我感到很高兴。

第十二章　宽永文化的面貌

——岛原

不夜城岛原的大门

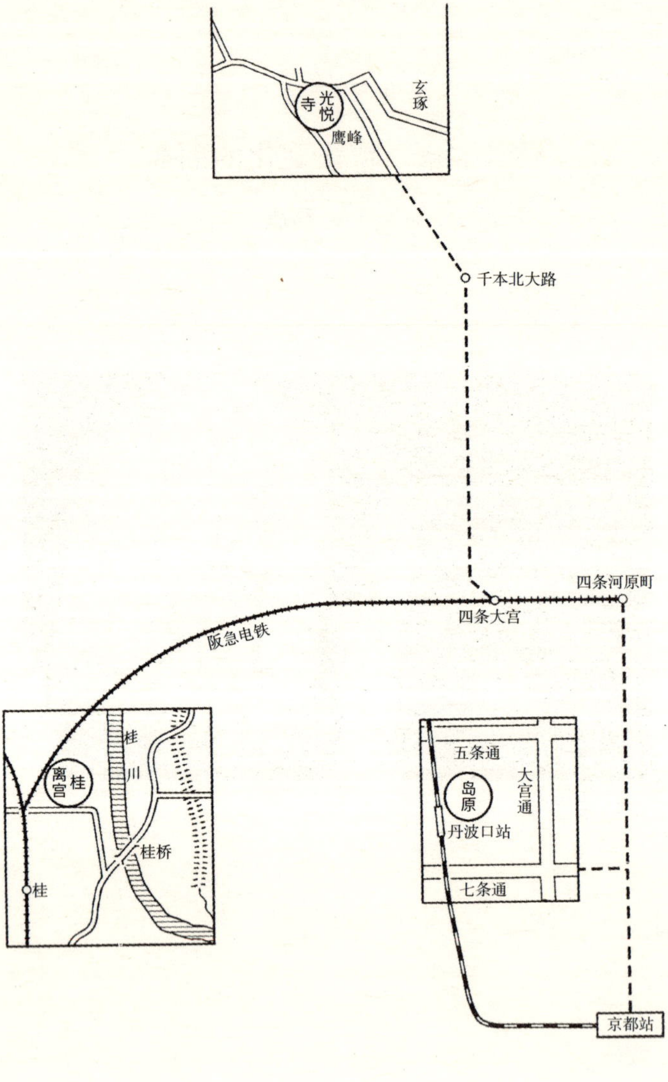

光悦寺
玄琢
鹰峰
千本北大路
四条河原町
四条大宫
阪急电铁
桂
川
桂离宫
桂桥
桂
五条通
大宫通
岛原
丹波口站
七条通
京都站

嵯峨本

角仓了以的长子角仓与一，号素庵。他不仅帮助其父进行安南贸易、开凿河川并继承家业，而且还在学问上投入了极大的热情。

天正十六年（1588）角仓素庵18岁时，拜访了当时身在相国寺的藤原惺窝[293]，后来拜藤原惺窝为师，笃志儒学。庆长九年（1604），素庵与在京洛讲授《论语集注》的林罗山[294]相识，并把林罗山介绍给藤原惺窝，一举将日本的两大儒联系了起来。林罗山常把素庵当作先生。庆长十九年春，仕奉幕府的林罗山和负责金座[295]的后藤庄三郎计划在京都建一所学校，并让藤原惺窝担任祭酒（校长），然而当时负责建校一切事务的却是素庵。这个计划最终未能实现，但是素庵曾为取得学校用地而四处奔走。欲使京都成为学问之府，正是其热情使然。不独在儒学方面，他对日文书法也有很深的造诣。和歌、书法，无有不佳。特别是他的书法老师是本阿弥光悦[296]。其实素庵被赞为本流派第一。当时，本阿弥光悦和近卫信尹、松花堂昭乘被誉为宽永三笔。也有一说有意回避了近卫信尹，加上素庵，号称洛下三笔。素庵与光悦的关系比师徒更密切。

所谓嵯峨本的出版事业是从以素庵为中心的交友关系中产生的。王朝以来的出版历史是被束缚在经典和佛教缘起等框架中的。随着中世的结束，出版业决堤一般冲破牢笼，漫延到各个方面。特别是朝鲜之役[297]以后，木活字印刷技术传入日本，加速了出版业的发展。这里应注意的是，出版业有三个中心。一个是在后阳成[298]、后水尾两位天皇主持下的出版，如《日本书纪神代卷》《职原抄》等，被称为敕版；一个是以德川幕府为中心的伏见版和骏河版，如《吾妻镜》《贞观政要》等；最后一个是以角仓素庵为中心的嵯峨本。这三种出版，各有各的特色。敕版和伏见、骏河版分别从公家和武家的政治立场出发来选择古典作品，而嵯峨本则从更广阔的修身的立场来选择古典作品。它初次刊行的是《史记》，是庆长九年（1604）出版的大开本。一般被看作嵯峨本的主要是和书，特别是配有版画这一点值得关注。比如像《伊势物语》那样有插图的，像《方丈记》《观世流谣本》那样有云母状图纹的，等等。为了这种嵯峨本，本阿弥光悦亲自下功夫尝试了各种用纸、装潢，光悦和素庵还一起描画草图。其中，像中院通胜[299]那样的当时第一流的学者提供定本，观世大夫黑雪[300]等与之关系非常亲近的人则对选定书目发挥了作用。嵯峨本的世界是在这些人的合作之下创造出来的。那是京都町众所创造的最美的艺术品之一，同时也对后世的印刷技术造成了重大影响。

我们通过素庵接触到本阿弥光悦。光悦才是京都历史造就的最优秀的文化人。

> 云大虚庵光悦者，虽云能书之事遍为世知，而天生之心趣，世人已不记得，亦无传闻，亦不觉其为世间应有之人。但见今世之状，学圣人贤人之道亦似以度世为本。光悦一生更不知度世之术。(《繁草》)

这是佐野（灰屋）绍益[301]的话。所谓“度世之术”，换言之，就是肯定封建社会的现实、顺应权力的生存方式吧。光悦不会积极地否定它、对抗它，但也不消极地漠视和逃避它。无论是前文的素庵，还是这里的绍益，甚至还有茶屋四郎次郎，他们的交友范围只限于对艺术表示理解的京都的上层町众。光悦在这样的环境中，在元和元年（1615）完成嵯峨本的刊行之后，带着本阿弥一门的人，还有纸屋宗二、笔屋妙喜等人一起到鹰峰创建了艺术村。茶屋四郎次郎来了，尾形宗伯也来了；朱印船贸易的主角来了，以京都织染闻名的雁金屋主人也来了。最近的研究表明，鹰峰就是可被称作“皆法华圈”的法华宗的世界。总之，曾经举行法华一揆的町众们试图在京都的町里确立的法华理想境界，其规模缩小之后，在这里变成了现实。与这鹰峰扯上缘分的还有与光悦有姻亲关系的画家俵屋宗达。尾形宗伯的母亲是本阿弥光悦的姐姐。尾形宗伯有两个孙子，分别是尾形光琳、尾形乾山。尾形光琳在本阿弥光悦和俵屋宗达之后，得到银座年寄中村内藏助、三井家等的支持，使元禄文化[302]大放异彩。

角 屋

一说起岛原，人们就想到**角屋**。角屋是扬屋的代表，而**轮违**

在岛原悠久的历史中，轮违屋静静地留下大夫们的生活印迹

屋等都是扬屋[303]老店。这片地区藏着宽永以来的历史，而今仍立着大门，周边围着土墙和壕沟。这里是近世町人阶级的不夜城。

不夜城的形成，是从宽永十七年（1640）游廓[304]从六条柳町迁移到这里时开始的。但若进一步往前追溯，天正十七年（1589），二条柳町的风月场所曾在京极万里小路，不久，随着庆长七年（1602）二条城创建，又迁移到六条室町，称六条柳町，更三迁至叫作朱雀野的岛原之地。安政元年（1854）发生大火，大部烧毁，而角屋建筑原样保留了下来。天明年间（1781—1789）因为改建，进行了很大的变动。不过虽不能说是全部，但很明显，有一部分还保留着宽永移建时的建材。这里是京都的游廓中历史最悠久的地方。

然而关于其古老的沿革，首先让我想起来的是这座不夜城与二条城的对照。**二条城**是庆长七年德川家康将聚乐第内的馆舍移来这里建造的，更在宽永年间扩建了本城，又移来伏见城的天守阁，修葺了外观。作为京都市内的城郭，它无疑是象征着封建权力的。而为了建设城郭，必须让游廓远离二条柳町故地，所以更应该考虑与二条城相反的另一极——岛原的社会地位。从封建权力一方来看，町人的不夜城必须尽量远离町。人们听到岛原这个名字，马上就会想起来宽永十四年在筑紫发生的岛原之乱[305]。甚至在京都都出现了这个地名，可见这场大乱是多么让天下耸动啊。但是关于这个地名的由来，还有其他的说法。不难想象，就像很难攻陷岛原的基督城那样，要想以幕府的权力撼动町人的城市也是相当困难的。在宽永这个时代，因为锁国，町人们丧失了去往外国的道路。而岛原这个地方，只听名字我们也想象得到，正是人们消磨自己意志的地方。有一种关于町的传说：祇园会山鉾的心木使用的是朱印贸易船的主桅。宽永之后，社会迅速奢华起来，在用来作围裙和送人的葛布兰式花壁毯、唐织缀锦以及用于三味线胴挂的波斯毛毡当中似乎潜藏着町人们还没做完的梦。从町人们在岛原的散财一夜之中可以体味到町人的生存意义。与嵯峨本有很深渊源的光悦也出现在岛原。佐野绍益与名妓吉野太夫的爱情故事更是出名。顺便提一句，在鹰峰日莲宗的学寮**常照寺**有业已皈依开基日乾上人的吉野太夫的墓。你可以站在鹰峰遥想岛原，也可以站在岛原遐想鹰峰。但在看见角屋时，我会想到**桂离宫**。

我去参观角屋，先从玄关向包括厨房在内的高大入口走去，这时突然产生一种错觉，仿佛在参观寺庙的库院。我先被引领到被当作客厅使用的房间，叫网代间。这里丝毫也没有游廓里扬屋的那种妖艳的感觉。然后我又被带着参观楼上，扇间、缎子间、桧垣间等，由隔扇画的主题统一起来的各个房间越发加深了我仿佛是在游览被各种障壁画装饰的寺庙书院的印象。而且，当我正在思考寺院与扬屋的关系这种莫名其妙的问题的时候，我发觉这些房间充斥着一种在寺院绝对看不到的新鲜感觉。神龛、搁板架的结构，拉门、窗子的构思都给人一种别处没有的、极其洗练的感觉。那一瞬，我不禁想起桂离宫的松琴亭和龙田屋了。特别是离宫，我们认为它具有近代的构思。而在角屋中，我们能够发现同样的构思以更加夸张的形态呈现出来。角屋的建筑构思与桂离宫的很相似。一方是游廓，一方是宫内厅的管辖对象，二者风马牛不相及，没有任何关系。但它们却都是宽永文化的产物。这么看来，我以访角屋而直观寺院似乎也有几分道理。如前所述，京都著名的寺院大都呈现出在王朝遗迹上添加桃山、宽永遗产的形态。它们虽有某些共同点，却丝毫没有不可思议之处。

但是角屋和桂离宫并非只在都是同一时代的产物这一点上相通。作为兴建桂离宫的背景，当时的宫廷以后水尾天皇为中心，他的兄弟是一条昭良，是近卫信寻，叔父有桂离宫的创建者智仁亲王，王子有离宫的完成者智忠亲王和传风流于曼殊院的良尚亲

与其说角屋是游兴散财之地，现在倒更是与社寺齐名的需要买票方能进去的名胜了

王。他们与上层町众有很密切的交往。战国时宫廷衰微，御所要靠发展到其西边的六丁町的人们保卫，公卿也不得不生活在町众之中。从那时起，宫廷与上层町众之间就有了很深的联系。天文到天正年间（1573－1593），虎屋、笹屋之类今天也很有名的京都糕点铺的町人们还曾在御所演出过能剧。这个传统在宽永时期也没有丢失。像俵屋宗达这种町众中的艺术家的名字就曾出现在往返于后水尾天皇与一条昭良之间的书信中。因为宫廷与上层町众之间有了很深的联系，所以名为岛原的、町众们的不夜城与宫廷人之间也就不是没有关系的了。近卫信寻与灰屋（佐野）绍益围绕吉野太夫互相竞争的故事让人们对此颇有些实际感受。

八条宫

关于桂离宫，已经有很多人发表了观点，最近还出现了梅棹忠夫、川添登两位的论述。但是宫廷中有一种观点认为，我们对于桂离宫为八条宫即智仁亲王、智忠亲王父子所创立这一点还应再做些思考。众所周知，八条宫智仁亲王是阳光院太上天皇（正亲町天皇第一皇子诚仁亲王）的第六皇子，后阳成天皇的弟弟，一度成为丰臣秀吉的养子，后因弃丸[306]的出生而恢复为皇子。但是丰臣秀吉想要在征服大明国后把后阳成天皇迁到大唐之都，所以对日本的帝位是交给若宫（后水尾天皇）还是八条殿（智仁亲王）这个问题，还真大费了一番心思。八条宫因此被赋予了庞大的资产。然而天下变了，到了德川幕府时代，他未必还能春风得意，继续讴歌世事。因为曾有一段与丰臣秀吉结为父子关系的清晰历史，智仁亲王有了某种难以融入江户幕府的感情。这是对"今逢其时"的反弹。对比修学院离宫和桂离宫，若说桂离宫更具有某种町众传统，那也许就是这种反弹的结果吧。我想起本阿弥光悦说过的话：

虽好学文，却不可用华丽之文章。上宫太子[307]于各处建寺，由此可知对于天下政务，佛法甚宜。林道春抔[308]，今当

桂离宫建筑呈雁行之状，正面是古书院，向左依次是中书院、新御殿

> 其时，却谤太子，又谤兼好法师[309]之《徒然草》，谤《源氏物语》，此种模仿朱晦庵[310]余风之事，我等甚觉可笑。

光悦虽与素庵私交很深，但却敢于对同样与素庵有私交的林罗山进行这样的批评。从桂离宫，我们可以直观到《源氏物语》等古典作品中的世界。这种说法虽然已是陈词滥调，但按现在光悦所云，这是一个与负责幕府教学的林罗山完全对立的世界，它是光悦的世界，也是俵屋宗达的世界。

桂离宫的第一期工程是在元和六、七年（1620、1621）到宽永元、二年（1624、1625）之间进行的。宽永六年，智仁亲王去世。宽永十八年，智忠亲王从中书院开始了第二期工程。这时，幕府将东福门院（和子）送入宫中，施行了一系列针对朝廷的政策。幕府的御用画家狩野探幽兄弟也东下，被要求绘制隔扇画。在这样的环境下，其画风也不得不发生改变。但是尽管如此，包括中书院、新御殿在内，桂离宫还是维持了一个独特的世界。这也许是出于这样一种幸运，即握有幕府权力的人与其说是幕府自身，倒不如说是加贺前田家。后水尾天皇时期，东福门院入宫了，而智忠亲王所娶的前田利常[311]之女富姬正是东福门院的养女。这时正当桂离宫第二期工程开始的时候。令人奇怪的是，智忠亲王与前田家的联姻很自然地让人想起其父智仁亲王与丰臣家的关系。因为丰臣秀吉与前田利家的关系很深，所以为了避开德川氏猜疑的目光，前田利常甚至曾想装成一个傻乎乎的大名，安安稳稳地过百万石的日子。然而前田家的地位并不像百万石所显示的那样是“今逢其时”。因此可以说，桂离宫中充溢着“今不逢时”的精神吧。

桂离宫给人的这种印象与智忠亲王的弟弟良尚亲王设计的洛北**曼殊院**有相通之处。与此关联，修学院给人的印象也与作为其前提的幡枝的**圆通寺**相通。修学院只有一个所谓天皇文化的花架子。尽管如此，中茶屋客殿的杉木门上却描画着富有町众传统的祇园祭山鉾。相反，圆通寺的建筑虽然非常粗糙，但那眺望比睿山的借景充分具备了王者之庭的风范。宽永文化建筑在町众的基础之上，而其巅峰正是这王者的宫院。

第十三章　京都的传统产业

——西阵

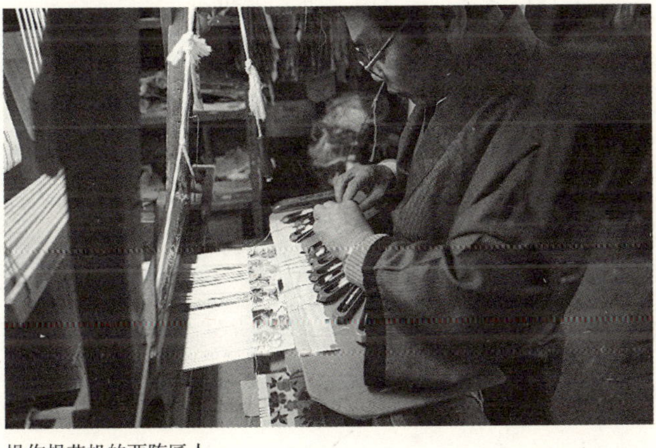

操作提花机的西阵匠人

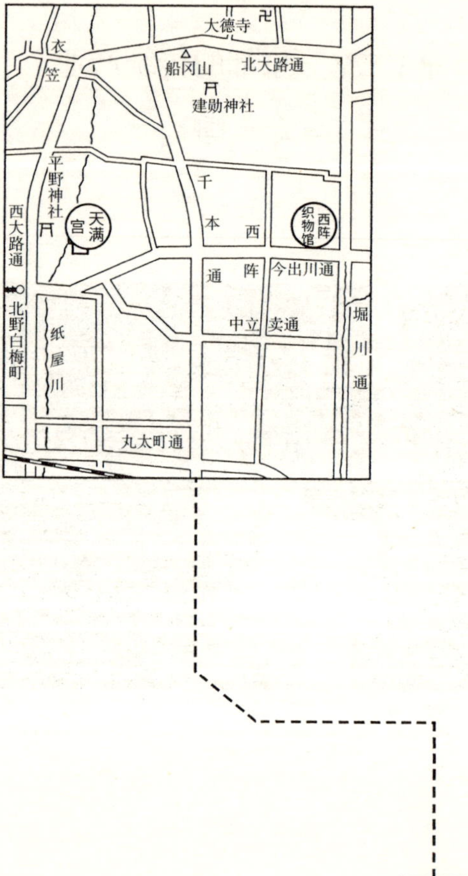
大德寺
衣
笠
船冈山
北大路通
建勋神社
平
野
神
社
天满
宫
千
本
通
西
阵
西阵
织物馆
西大路通
今出川通
北野白梅町
纸
屋
川
中立
卖通
堀
川
通
丸太町通
京都站

元禄图案

绕过桂离宫的苑池，就到了松琴亭。当被用于隔扇的天蓝色大块市松图案映入眼帘时，无论是谁都会发出惊叹之声。这的确是出人意表的大胆构图。市松图案在元禄年间（1688—1704）大为流行，所以又叫元禄图案。也可以说元禄町人文化的先驱就存在于桂离宫中。而元禄京都町人的底气就在西阵。

应仁文明之乱时的西方阵地在乱后发展成了西阵纺织业的基地。在以前，平安时代，随着令制的解体，织部司被废除。到了中世，民营纺织业以与织部町相邻的“大舍人町之绫、大宫之绢”的形式兴起。应仁之乱时，织工们避难去了和泉[312]的堺。但是避难也没有闲着，他们一度将京都的文化移植到堺，有的织工的孩子还学习了猿乐。他们有更多的机会接触通过日明贸易带来的中国的纺织品，为桃山豪华的能剧行头的诞生创造了基础条件。不久大

松琴亭的隔扇从远处看也非常突出，匠心、色调都很明快，颇有町人特色

乱结束，甚至在京都，生产羽缎、绯丝等物的练贯方[313]也在室町殿西的白云村（新町今出川上原新在家町）复兴了。继而大舍人方也复活了。永正十年（1513），双方发生了斜纹布的织造权之争，最终在第二年，练贯方停止了斜纹布的生产，由大舍人方垄断。大舍人方的复兴催生了西阵的纺织业。从此为町众社会的舞蹈、祭祀、茶、能剧生产出多彩的纺织品。西阵得到丰臣秀吉的保护，越来越兴盛，承担起町众文化中重要的一面。西阵的势头在元禄年间达到了顶峰。元禄十六年（1703），有织屋 5000 家，织机超过 1000 台，生产出金襕、缎子等各种高级纺织品，丝线原料来自远方的信浓[314]、甲斐。封建社会的手工业达到了世界少有的水平。

元禄年间，京都的人口也很多。在之前的天和元年（1681），据计算有577 548人口，是仅次于江户的日本第二大城市，在当时的世界上也是屈指可数的大都会，与江户、大坂并称三都。相对于政治性的江户，京都和大坂属于上方[315]，是经济的中心。与西阵生产密切相关的，是越后屋（三井）、升屋（家城）、大黑屋（富山）、井筒屋（小野）、高岛屋、白木屋、大丸（下村）、蛭子屋（岛田）等吴服商巨大的繁荣。这些吴服商组成一个叫作二十轩组的行会，代表了京都的资本。他们如果贷款给诸藩大名，就成为给幕府汇兑金银的红顶商人，不久从中又产生了三井组、岛田组、小野组三大金融财阀。

虽说如此，西阵纺织业本身在元禄以后的发展并不顺畅。首先根据幕府的政策，平时免不了对生产加以干涉。进而享保十五年（1730）的大火烧掉了大半个西阵，烧毁织机约7000台。享保之后，桐生、长滨、丹后等地的纺织业在带回了西阵技术之后也发展起来，成为西阵的竞争对手。这些新纺织地的产品在技术上可与西阵匹敌，但价格却相当便宜，因而西阵的市场受到了沉重的打击。西阵的恶劣条件自然造成了整个京都的停滞。京都在江户时代中期似乎从历史的舞台上跌落了下来。天明八年（1788）正月大火，京都一度沉沦至极。要从谷底重新站起来，不得不等到明治维新了。

堀川

堀川从西阵东面流过，横贯京都中央，是从前贺茂川的干流。在市内，从新町通往西，路面突然开始倾斜。这里有宽阔的河床遗迹，直到最近似乎还有一条叫作西洞院川的小河在流淌。贺茂川虽然向东移到现在的位置，但在《延喜式》[316]时期却是宽四丈的大河，是把来自桂、淀和北山的木材运进市内的水路。隶属于祇园社的堀川木材商人们的座就排列在河的两岸。这里在开凿高濑川以前曾叫木屋町，东西向道路的丸太町之名也是从那里开始的。

到了近世，堀川成为京染的中心地区。因为这里的水是铁和杂质都很少的软水，很适合染布。河水被染成红、蓝等色，其颜色的浓淡几乎被当成是否繁荣的晴雨表。不知何时，木材商人隐去了身影，沿岸成排的商铺都是从事煮练、漂白、晾干、熨烫、雕版、画样、刮浆、洗净等与染织有关行业的业者。京染如此繁荣并非与西阵无关。因为与在西阵生产的高级纺织品不同，这里的纺织品更具有大众性，作为一般衣料，却织出了可与西阵匹敌的味道。可以说友禅染就具有西阵织普及版的性质。

但是，当时普遍盛行的手绘友禅染需要优秀的画家。于是京都的文化背景就有了意义。比如像尾形光琳这样的画家亲自描摹的小袖就一直被保留到今天。这样的作品或许能够有力对抗豪华的西阵织吧。现在仍有与从前无二的手绘友禅染，但一

工人正在制作友禅染

般盛行的是明治以后发展起来的型纸友禅。其方法是在糨糊里添加染料，然后用型纸刷在布料上。这种方法似乎各地都能用，但是最终在染色方面，用于水洗的水质成为最大的武器。所以无论技术怎么变，只要堀川的水质不变，其地位就不可动摇。在水质方面，不仅堀川，贺茂川也很好，所以河岸被充分用来作漂白、晾干的场所。但是，京染为了发展，也需要与西阵一样进行入现代化。

明治维新的巨浪滚滚而来，明治二年（1869）宣布迁都东京，这让京都市民陷入深深的绝望之中。那种京都将变成第二个奈良的危机感肯定深藏在每个人的心中。而对于西阵的人们来说，正因为从事传统的产业，所以也就有着更大的悲欢。当时稻畑胜太郎的回忆就被收藏在西阵纺织品馆的稿本中：

> 明治大帝行幸东京，京都已不再是政治的中心了。此时此刻，我等京都市民，特别是西阵的纺织业主以及织工们希望阻止陛下的行幸，所以千次包围京都御所。……一种说法是，政府试图用武力驱散市民的千次请愿。但最后遵照圣旨，将几十万内庭用度赐予市民。

作为王城的京都在行将灭亡的时候，本应成为今后的产业支柱的西阵却显得最为狼狈。也许这里也有着新旧共存、相互帮助的京都特性吧，知事长谷信笃从天皇所赐的十五万两中拿出三万两创立了西阵物产公司（会社），把织屋分成十八社，以图西阵的再兴。这十八社是模样、金襴、博多、繻子、夏衣、真古带、纶子、缩缅、纱织、羽二重、古带、练绢、精好、绘绢、緞子、木绵、天鹅绒、真田。这十八社几乎生产了当时西阵所有的品种。为了振兴西阵产业，他计划将它们整合成一个公司，并从各社选出七十二名斡旋人（肝煎）。公司从一开始就没有掮客，专以织屋的兴亡为资助原则，通过统一购进原料丝，使它们不再受丝屋的控制。也就是说，这是敏锐地在西阵向来的弱点上动刀子。公司的斡旋人以带刀武士的形象出现在织屋和掮客中间，免费为公司出面进行交易。公司在西阵的交易方面加以完善，在当时发挥了巨大的进步作用。但是这家物产公司并没有取得全面的成功，明治十年（1877）六月，改称西阵织物会所，重新整合成八社。

面对京都的危机，京都府所实施的对策是极其出色的。首先对发生动摇的西阵给予紧急改善补贴，同时为了全面振兴产业，于明治四年确立了新的产业计划，开设了劝业场等，由此走在了日本近代化的最前端。其中第二代知事槙村正直所做的努力最多。明治五年，他创建了梅津的造纸厂，明治六年，又创建了伏水铁具工场，同一年还创建了与西阵有很大关系的官营模范织物工场（后之织殿），明治八年完成了与此配套的染殿。他还为这一系列的政策做了一个学术性的注脚，就是在理化学家明石博高的倡议下，在木屋町二条下长州屋敷遗址上设立了舍密局，作为引进西方科学技术最新的研究所。舍密是 chemistry 的汉字音译。

明治五年，西阵还派遣了三名优秀职工赴法国里昂研究西方的纺织技术，并进口了提花机等机械，在纺织技术方面添加了一些近代化的元素。这种提花机不久在日本被成功仿造，而且还制造了踏花机，并逐渐推广到业者中间。这样的事情在以堀川为代表的染色业方面也是同样。明治八年，因为得到利用化学染料的染色法方面的指导，高濑川沿岸建起了实验工厂。由于引进了西方的染色技术，化学染料开始在染色界普及。

乡土产业及其近代化拯救了京都将成为第二个奈良的危机，第一是西阵织，第二是友禅染，第三是清水烧。清水烧也同前二者一样做了技术革新。明治十一年（1878）来到京都的德意志应用化学家戈特弗里德·瓦格纳对陶瓷或称七宝烧的釉药研究和烧制技术的影响是极其重大的。

乡土产业

在明治十五年以前的产业近代化过程中，京都府总是处于主导的地位。但是从明治十五年到明治二十年，人们不再依赖来自京都府的自上而下的援助，而是出现了自下而上自发的对于新动向的强烈期待。明治前期处在自上而下援助中心的槙村正直知事于明治十四年去了东京，之后是北垣国道任知事，他实施了以下政策。

第一，将明治初期的官营工厂拍卖给民间。但是由于维持工厂的民间资本薄弱，结果这项政策没能取得成果。这个过程说明随着资本主义的形成，京都没能发展成真正的产业城市。第二，在同一年，计划实施琵琶湖输水工程。这项计划是江户时代初期以来京都人的梦想。角仓素庵也曾有此计划，通过疏浚开凿势多、宇治之间的水路，使琵琶湖的水位下降，在近江可得到六七万石乃至二十万石的新田。这个计划虽然在此之后也曾出现，但它的目的在于开发新田，与北垣国道知事的根本目标不同。北垣国道知事想越过逢坂山、东山，直接导入湖水，并在此进行日本第一个水力发电工程，确保交通、产业的动力源。这项计划起用青年学徒田边朔郎来实施，于十八年开工，克服了重重困难，终于在二十三年竣工。这项伟大业绩的成果，就是今天仍在蹴上的**斜面铁道**输水工程。随之于二十四年（1891）建立了蹴上发电厂，终于实现了产业动力的电气化。二十八年，京都电气铁道株式会社成立，并因此而开通了日本第一条有轨电车。

我们从北垣国道知事两项政策的成功与失败中可以清楚地看到京都产业所具有的表里两面，即现在也不可能拥有重工业的京都民间资本的弱小和总是站在历史前端的京都人的进取性。前者的由来是，自中世町组以来，市民生活一直具有均等性，为此过于瞻前顾后，在产业方面阻碍了杰出人才的出现，即带来所谓半斤八两的现象。而且西阵一带的大吴服商们未将其资本投向产业，反而离开了京都。而至于后者，自然令人想到出自千年王城之荣的自尊心。京都人的心中流动着一种强烈的自我意识：难道我们要输给东京吗？他们拒绝所谓的对立意识——因为对立即意味着对等，有时甚至可以说是一种中华意识。正因如此，他们对社会动向极其敏感，并不想落后于历史的进步。明治七年（1874）的《东京新闻》报道，京都在今上“东迁后忽至衰微，而较之这样的众庶之思，却反而带来许多意外的繁华”。这的确让所有人都感到意外，但这才是直面危机的京都人自我意识的体现。

京都产业的这种性质在现在的西阵、堀川又展现出怎样的形态呢？现在，在大资本之下，人们使用动力织机进行着批量

中世，六条有很多扇屋用御影堂扇之名，现在也有在路旁晾扇骨的，显示了乡土产业的一面

生产，而看一下西阵4000户机屋的状态便可知，所谓西阵织的真面目却仍然是分散的手工业。西阵现在有18000部织机在运行，而动力织机却将将超过半数，还有许多手工织机，机械化的步伐严重滞后。拥有百台以上织机的仅有8户，82%的织屋的织机在4台以下。织工人数有2万，批发商——生产商控制的租赁织机占六成以上，令人吃惊。细长的巷子里，昏暗的屋檐下，在一台放置在竖穴式地面的手工织机上，一根丝线哐当咔嗒地一边低吟着，一边从织女的手中被织出来。这就是西阵最普通的写照。也正因为这样织出来的产品很豪华，所以它的悲哀感也更深。这里仍然保留着与天明以来的形态无甚不同的

西阵。体现着京都最古老町家生活的地方就是下京古町和这个西阵了。

但是，从西阵东面流过的堀川就像是要展现近代化的荣光似的，率先开通了日本最早的电车。昭和三十六年（1961）七月，这条铁轨最终被拆除，但对于电车的回忆却永远被人们述说。小型窄轨电车从七条站前经西洞院到四条，然后沿着堀川经中立卖通驶向北野。它叫堀川线，是连接京都站与堀川、西阵的重要交通线路，作为堀川不可或缺的风物而受到人们的青睐。如果没有电车，堀川将会怎样？新的堀川景观让人们感受着隐隐的期待和不安。

第十四章　幕末与维新

——三条河原

歌川广重的名画《东海道五十三次》中描绘的三条大桥

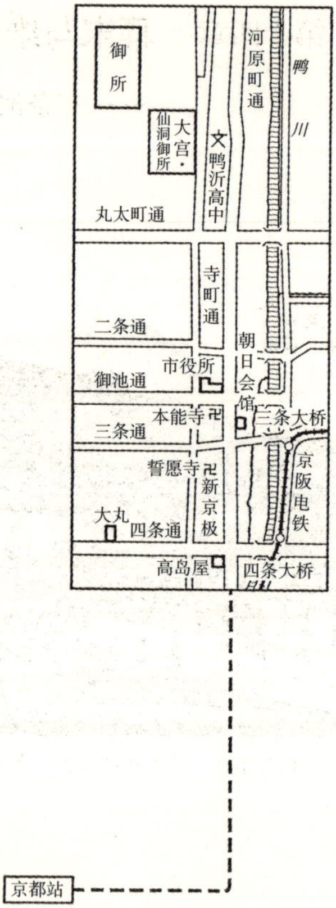
御所
大宫·仙洞御所
文
鸭沂高中
河原町通
鸭川
丸太町通
寺町通
二条通
朝日会馆
市役所
御池通
本能寺
三条大桥
三条通
誓愿寺
新京极
京阪电铁
大丸
四条通
高岛屋
四条大桥
京都站

三条大桥

“东海道五十三次[317]”因为弥次喜多[318]和歌川广重[319]的描绘而让人感到亲切，按双六[320]的玩法，这是上行[321]。从近世初期的《东海道名所记》开始，以参观京都为主题的作品不少。其中，从享和二年（1802）出版初编起直到文政五年（1822），历经21年还在出版的十返舍一九[322]的《东海道中膝栗毛》，赶上了当时逐渐兴起的国内旅行的机遇，赢得了众多读者。继而安藤广重于天保八年（1837）到东海道旅行，将自然之美和世间有趣的情态以53个驿站为主题描画出来，更在描画《近江八景》的同时描绘了《京都名所》。此外，还有很多游记被创作出来，而放在最后位置的总是三条大桥。

三条大桥是天正十八年（1590）丰臣秀吉任命增田长盛为奉行[323]建造的，至今刻有其旨意的拟宝珠柱头仍装饰着栏杆。就

留下天正笔迹的三条大桥

架桥而言，早先有四条桥、五条桥，而三条大桥被认为是日本石柱桥的滥觞，并立刻成为京都街道的路标。随着幕府末期的临近，往来京都的人也逐渐多了起来。京都成为观光都市的萌芽期在近世初期，即产生了如《京童》《京雀》之类名所记的时期，而临近幕末的时期是其成长期。三条通自古以来就旅店业发达，而在幕末，路两侧几乎被旅馆淹没。被称作乡土产业的西阵织、友禅染、清水烧，甚至连京扇子、腌咸菜之类都可以说是广义上的观光产业。泷泽马琴[324]批评道："京中好物三：女子、贺茂川水、寺社。恶物三：小气吝啬、料理、班船。不足者五：鱼类、乞丐、好煎茶、好烟、有内涵的妓女。"这就是映入游客眼中的京都。希望今天经营京都民宿的人也能听一听。

人的往来越来越频繁，同时货物的运输量也大大增加了。从大津越逢坂山进入粟田口的道路从中世起就是"马借""车借"等从事运输的人们活跃的地方。而江户时代以后，在与车轮同宽的两道沟里铺上了叫作车石的石板。这是最古老的轨道。这条车石路铺在西国路的伏见街道，其实物现在立在蹴上的路旁和伏见中学的正门前，变成了石碑。所有的道路都通向京都，在三条大桥汇合。考虑到大桥附近车马辐辏，所以就在这里铺就了平石。原来桥很窄，所以车辆都尽量避开桥上，直接涉水渡过贺茂川。桥下也用平石铺装了车道，但现在只有桥下西岸还留有痕迹。车石的加工和铺设并不是一件普普通通的事情。一般认为石工劳力是由近江的穴太部落提供的。他们从战国时候起就是具有凿石、垒石技术的下人，常到各个地方筑城。说到穴太役这个词，指的就是垒石劳役。另外这些善于铺石的人也是在大津、白河等地从事车借运输的下人。

河原的生活

历史悠久的都市京都也留下了许多历史的沉渣。在中世，依附于贵族、社寺的人们所居住的散所[325]，在社会动荡时期没落的、失去家园的人们所居住的河原[326]，原本都是一些自然条件非常恶劣的地方。这些地方一直延续到近世，这里的人们所经营的职业都是普通人忌讳的行当。这个地区和这些职业都被认为是江户时代身份歧视的具体表现。江户时代，京都四周有很多这样的受歧视的部落，而他们的代表就是天部、七条、川崎三个村子。不消说，这些村子都是沿着贺茂川的河边发展起来的，户数、人口也最多。幕府命令这些村子的人们负责警察、刑罚等低级事务，这更把他们与普通民众隔离开了。

河原自古就是人们聚集的地方。建武[327]时曾发生二条河原匿名落书[328]这样发出民众呼声的事件，同时它也是刑场，是枭首示众的地方。许多人的血就流淌在京都的贺茂河边。三条木屋町瑞泉寺丰臣秀次妻妾的墓地就是一例。不光是人，幕末时期甚至连等持院里的足利尊氏木像的头也被勤王志士给砍了。

然而，这片河原的用途很广。中世时是寻求解放的人们的居所，同时也是大众艺术的温床。特别是一走到四条河原，就能看到歌舞伎、净琉璃、杂耍班的小棚子比比皆是，极其繁盛。在这里，中世的散所民和河原人用自己的艺术给民众提供娱乐，维持艺人自己的生计。京中町里的人们都来这里找乐子。元禄年间，与从前的游廓（妓院区）并称为两大恶所之一的芝居（勾栏、戏院）就开在四条河原。出云阿国[329]创立的芝居现在只在四条大桥东南岸留下一座**南座**，而对于据说曾位于其对面的北座，町里知道的人越来越少了。但旧历十二月的新角亮相东西联袂公演永远是冬季京都的一大魅力。红叶一落，天气立刻寒冷彻骨。冬天的信号就是这新角亮相。这也是从江户时代传下来的传统，因为是下一年度东西演员一起首次登台，所以习惯上这么叫。据说京都的女人们平时拘谨地生活，一年当中就盼着芝居之日盛装出行呢。

但是从前四条河原的喧嚣已经被留在了屏风画里，明治以后转移到了**新京极**。东京极成了寺町。沿寺町的东边形成的新京极原来是从三条一直排到**誓愿寺**前的庙会。河原今天变成了京都的主干道河原通町。新京极理所当然就变成京都大众的娱乐中心了。但是在繁华店铺的背阴处有时能窥见墓地，这也是京都历史的产物吧。河原变成町而繁华起来的另一面，是河原住民的生活仍聚集在未解放的部落中。

在狭窄部落贫苦的生活中，京都各町众多的地藏成了人们心灵的支柱

明治四年（1871）发布了所谓的解放令，废止了贱民称谓“秽多”。身份歧视本应随之废除，但是封建身份制的影响并不容易消除。没有任何经济保障的一纸法令也并不容易解答这道难题。而且，资本主义的社会矛盾从日俄战争时起迅速突显，使都市里出现了贫民窟，未解放部落成了贫民窟的核心。历史问题不是单纯的历史问题，它已成为现代的问题。因此部落问题已成为日本最严重的社会问题，而难以撼动的事实是，京都对这一问题的处理尤其引人瞩目。

在京都，部落问题成为人们关注的大事，在我们面前自然分成两条解决之道，一是将这历史和现代相互纠缠的问题一举解决，一是有耐心地慢慢解决。但是既然一举解决非常不容易，那么我们就必须耐心地解开历史和现代相互纠缠的结。要想消除集中在地域和职业上的历史性歧视，就必须积极改善环境，实施就业自由的政策。只有这些条件具备，京都府市热心投入的同和教育[330]才能结出硕果。

御所的灯火

三条大桥东南角建有高山彦九郎[331]的铜像，正坐、两手抵地、遥拜皇宫的形象，是一尊超过原身的巨大铜像，曾建于昭和初期。太平洋战争正酣之时，因为“应召”上交金属运动而上交，后来长时间树立着石碑，作为铜像的替代品。昭和三十六（1961）年重建。同一时期在五条大桥附近建了牛若辨庆像，那是从童话绘本中抽出来的可爱形象。两相比较，便敷衍出一个很大的话题。直率地说就是，京都人在战时因为失去了高山彦九郎的铜像而感到轻松。在漫长的时间里，住在帝都的京都人虽然有很深的尊王之心，但已经厌恶了那种虚张声势的表现。

但是，之所以在这里提到这尊铜像，是因为我想在这里说一说高山彦九郎遥拜的京都御所。**京都御所**本是南北朝时代光明院[332]的临时入内，后被定为皇宫，从那时起就一直在现在的地方。但天明八年（1788）正月三十日发生大火，京都市内大部分被烧毁。

高山彦九郎从遥远的上野国[333]新田郡来到京都还是在明和元年（1764），他18岁的时候，后来游历各国再次进京是在天明三年。他第一次进京时在三条大桥遥拜皇宫，又到等持院鞭打足利尊氏的墓。但不管怎样，如果是大火以前的御所，那么因为围墙倒塌，也许能够望见御所的灯火。但是大火之后，幕府命令松平定信营造御所。松平定信通晓典章学问，经过反复慎重的研究，以接近王朝旧规为理想设计并营造了御所，宽正二年（1790）十一月竣工。宝历八年（1758）曾发生宝历事件，竹内式部等人聚集朝臣，批判幕府。正因为经历了这次事件，所以幕府在考虑如何营建御所时，尽量将御所造得典雅。幕府的政治意图是，把御所建好，防止高山彦九郎这样的朴素的勤王志士受到反幕运动的蛊惑。当时的皇宫与《源氏物语》中的世界相隔遥远，很可能被认为只能用于仪式，但这一点反而有了意义。这座御所后来又一度蒙受火灾，但在面临着维新风云的安政三年（1856），还是照着宽正时的样式重建了。

令幕府感到阵阵恐惧的形势是，嘉永六年（1853）美国水师提督佩里来到日本，第二年下田、箱馆（函馆）开港，安政三年美国总领事哈里斯上任，继而要求缔结通商条约。这一系列意外事件从外部急速地影响着日本。幕府的动摇使京都朝廷再次介入政治。安政五年大老井伊直弼签字开国，立刻引发了迅猛强烈的反对。京都终于成为勤王志士的活动舞台。以三条木屋町为中心的旅店成了这些志士的根据地。志士们的动向虽然分为尊王和攘夷，他们之间也有些不同，但斗志都逐渐高涨起来。文久三年（1863）孝明天皇[334]巡幸大和这一使尊王攘夷派热情高涨的事情被突然中止，作为其中心人物的七卿和长州藩主被流放。虽然高涨的势头一度几乎被遏制住，但结果在元治元年（1864）七月发生的池田屋骚动却使影响进一步扩大。为了帮助毛利侯[335]，肥后的宫部鼎藏等志士策划清除致力于中止大和巡幸的人。但该计划泄露，负责京都警卫的守护职松平容保的会津见回组和近藤勇率领的壬生新撰组杀进了池田屋旅店。这一事件深深刺激了长州藩，终于酿成藩兵以夺回京都为目标的蛤御门之变[336]。于是京都又遭兵火之难。这在京都叫作“统统烧了”。对长期与兵马往来绝缘的京都市民来说，枪炮声大得让人惊诧。从那以后，又

御所在固定时期开放，这里是京都人也不知道的小御所和苑池

因为幕长战争（幕府征伐长州）而持续了一段不安的日子。在三条河原沿线的木屋町、河原町一带现在仍能看到一个个志士遇难地的标识。这些志士一边躲避新撰组的监视一边开展活动，或因倡导开国而倒在攘夷派脚下，他们的故事将被永远传颂下去。

我们再回到御所。紫宸殿、清凉殿确实是用于典礼仪式的地方，这里还原样保留着再现王朝物语和记录的设施。但是如果绕到东侧的常御殿，就会有很适合日常生活的感觉。与前面两个大殿不同，常御殿即是小御所，面向宽阔的池苑，给人一种柔和的印象。前几年因为贺茂河原举办焰火晚会，飞来的火星烧毁了常御殿，现在又很漂亮地建了起来。这个小御所就是在庆应三年（1867）十二月发出王政复古大号令的那个夜晚，在明治天皇御前召开小御所会议、决定了对将军德川庆喜的处分的地方。明治政府由此迈出了它的第一步。

第十五章　学问与艺术的都市

——大学

京都大学已度过它的六十岁生日，自开设以来，已历三代教授，不忘初心

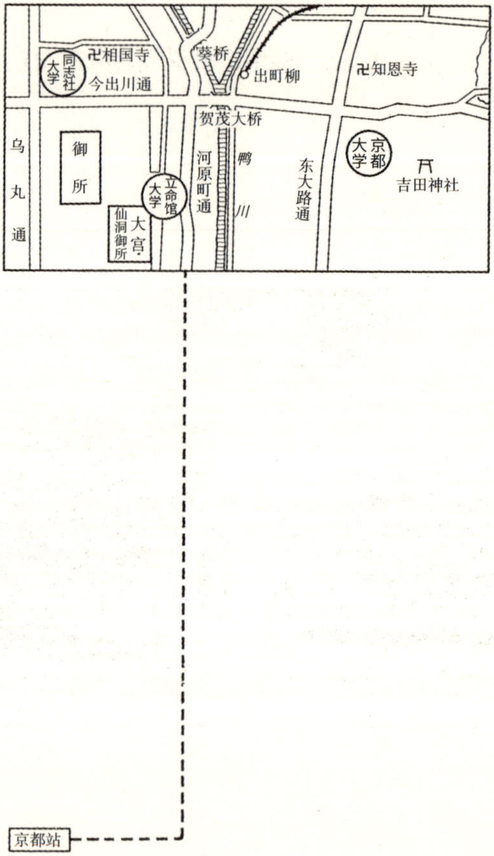

相国寺
同志社大学
今出川通
葵桥
出町柳
知恩寺
贺茂大桥
乌丸通
御所
立命馆大学
仙洞御所
大宫
河原町通
鸭川
东大路通
京都大学
吉田神社
京都站

京都的学问

京都既是王城之地也是学问之都。依照律令制建立的大学寮是培养官吏的机关。从平安时代初期起在大学寮周围就建有别曹，它们是和气氏的弘文院、藤原氏的劝学院、橘氏的学馆院、在原氏的奖学院等。当时的学生绝大多数都是这些有实力的氏族的子弟，他们住在各自氏族建立的别曹里。别曹是附属于大学寮的各氏族子弟的宿舍和研究室。这些在今天都已经消亡了，但我想起来，在我曾经去过的位于四条大宫西入的**更雀寺**——一个很小的寺院——里面有一座叫作雀冢的用自然石垒成的石塔。据寺传载，这是在劝学院以鸟鸣声诵读《蒙求》的麻雀的坟冢。这虽是一个愚弄人的故事，不过也说明从前的劝学院大概就在那一带。在京都，像这样富有幽默感的遗迹还有很多。

说起这个时代的私学，就要说说空海在天长年间（824—

834）创立的综艺种智院了。据《综艺种智院式》载，在大唐，各坊设闾塾，普教童稚；各县开乡学，广导青衿。而在平安京，却只有一所大学，没有闾塾，没有贫贱子弟的进学之路，所以建此一院。虽然在空海殁后不久即消亡，但现在隶属于东寺的种智院大学的名称即来源于此。据报纸报道，这所大学的在校生不足10人，是极其少有的没有入学难问题的四年制大学。这不也是一个弥漫着京都式悠长气息的故事吗？

由于别曹的发展，古代的大学失去了本来的意义，渐渐衰退。而在氏族当中，上层官僚里只有藤原氏一枝独秀，他们的劝学院直到很晚的时候还保留着自己的名称。京都虽是王城之地，但培养官吏的大学却没能发展起来。然而，曾是大学寮教官的文章道的菅原氏、大江氏，明经道的清原氏、中原氏，明法道的坂上氏、中原氏，算道的小槻氏、三善氏等人却使各自领域的家学兴盛起来。尊重家学的风气不限于学问，在各类艺术领域也是如此。在图书方面，国家的图书寮没有发展起来，但贵族所拥有的和汉书文库有的却相当有名。大江家的江家文库、一条家的桃华文库等不胜枚举。这些事实说明，在京都，较之国家性质的东西，家学的学术传统更加受到重视。

到了近世，朱子学成为封建教育的中心，在江户上野忍冈建起先圣殿，兴起昌平黉，学问也似乎移到江户。但是林罗山在京都首开讲筵，如前文所述，因其与角仓素庵交游，得以与近世儒学之祖藤原惺窝接触，甚至他自己还有一个在京都设立学校的计划。这所学校想请藤原惺窝担任祭酒，这件事表明，藤原惺窝的地位极高，其门下出了许多优秀儒者，如木下顺庵、松永尺五、山崎闇斋、浅见絅斋等。他们所学习的学问原本没有超出朱子学的框架，但是既然被称为京学，自然就有与江户昌平黉的官学不一样的东西。

不久，元禄时期出了个伊藤仁斋。伊藤仁斋出生在堀川丸太町上可能是木材商的町家，而母亲来自以连歌闻名的里村家，与京都三长者[337]之一的角仓家有关系。从这一点来看，伊藤仁斋也算是出身于京都町人中的名门了。他不赴肥后、纪伊[338]的藩侯之召，一生在民间治学，甚至对作为官学的朱子学展开学术性批判。对于朱子学，与伊藤仁斋生活环境完全不同的山鹿素行也

想和堀川的流水一起保存下来的古义堂伊藤仁斋旧居，现在由其子孙守护

从政治、社会的层面进行了批判。而伊藤仁斋从学术角度分析朱子学，并主张回归原始儒教，重新倡导古学。我们必须说，这种不为权力所用的主张，其背景正是宽永时代传承下来的京都的町人精神。伊藤仁斋的私塾**古义堂**由其子东涯继承。子孙相继，至今仍保留着他的堀川旧宅。京都学术所具有的对官学的批判精神，即使说传承至今也不为过吧。

一般来说，町人们对发生的事情的认识不是观念性而是经验性的，较之形式，更重视实际。像朱子学这种观念性的思想体系只要坐稳官学的地位，就很难成长为町人的学问。但是伊藤仁斋运用他所倡导的古学，对朱子学展开学术性批判，从而解脱了思想的束缚。重视经验的学问也自由地、茁壮地成长起来。京都的町里还出现了山胁东洋、吉益东洞等医学家。不仅在学术上，在艺术方面也出现了圆山应举，他开创了四条派。他在绘画方面与狩野派不同，也与俵屋宗达、尾形光琳的世界相异。他出色地完成了从观想向写实的蜕变。从现在留下来的写生帖能够充分体会到他为了制作一幅华丽细致的花鸟画而付出的努力，几乎让人落泪。我做学生时曾经好奇地调查了圆山应举的落款，发现在被鉴定为真迹的67件作品中，只落款“应举”的有12件，其他落款为“某年季写 应举”的有43件，“应举写”为10件，“应举画”仅为2件。这些作品表明应举是如何深刻而有意识地“写”的。如果有署名为“画”的作品，那也许是年轻时的作品，或者姑且判断为赝品为好。圆山应举开创的新绘画之路为明治时代所继承，形成了京都画坛。应举的墓地在町中的悟真寺，距离刚才说到的雀冢很近。

从享保到文化、文政，心学的普及在另一层意义上值得关注。石田梅岩倡导通过平易的道德说教，在日常生活中实践道德。他主张以俭约、正直为中心，实现经济与道德的统一，积极肯定商人的营利行为。这其中有个原因叫“町人的哲学”。石田梅岩死后，门人手岛堵庵继承其学说，作为修行场所，开设了**明伦舍**等很多讲舍，并订立了舍中规约。这是既与儒学不同，也与国学不同的另类的教育。在广泛地以町人，特别是他们的儿女为对象这一点上，它为社会教化、成人教育发挥了很大的作用。由此让我想到《综艺种智院式》中说到的大学之外的“坊坊闾塾”。这种广泛的教育活动尽管同样在町人当中发展，但与反权力的古义堂私塾截然不同，可以说具有超越它的坚韧性吧。京都的心学传统现在仍为明伦、修正二舍所继承。

学区制

明治元年（1868）七月，江户改名东京，继而进行了事实上的迁都。京都面临着一个重大的转换期。这时与新产业计划一起出台并构筑了京都新千年基础的事业就是创立学区制。它是建立在町组的组织之上的，这一点极其重要。它是中世以来的町组以学校为单位的重组。

明治二年（1869）五月，终于在每个町组设立了最初的小学校，颁布了地域性的学区制。到明治三年末，共建立了64个学区的小学校。就像京都走在产业近代化的前面那样，在教育普及方面，京都也体现了学区的示范作用。所有的地区都按照学校来划分，学校与地区生活均等且密切地结合起来。小学校的楼上建有大鼓望楼，起着向町民传达非常事态的作用。这既是町中的学校，也是学校的町。上京第二十七番小学校，即后来的柳池小学校（现为柳池中学校），是日本的第一所小学。柳池校名来自地名柳马场御池。其他小学的校名也从门牌号改成了较为有个性却令人有些难适应的、来源于平安京时代的唐式坊名。如铜驼校源于铜驼坊、格致校源于格致坊，等等。这是谁的发明，已不得而知。但从中能看到京都的历史，值得回味。

明治四年又有四所中学建成，并由外国人教授外语。在京都所司代遗址上设立了日本第一所中学，即后来的府立京都第一中学校（现在的洛北高级中学）。第二年在土手町丸太町下九条家老屋创立了第一所女校，叫女红场，即后来的府立第一高等女学校（现在的鸭沂高级中学）。

京都的建校计划同产业近代化一样，实际上也是由当时的府参事槙村正直发起的。当时在东京，福泽谕吉已经于安政五年（1858）五月在江户铁炮洲开了私塾，并于明治四年三月迁到三

标柱上写着“明治天皇行幸所京都府寻常中学校址”，后为府立第一高等女学校，现为鸭沂高中

田，为今天的庆应义塾打下了基础。同年五月，福泽谕吉来到京都。他说：“名所旧迹固无暇访之，参观博览会素非余辈上京之趣旨，欲先一览府下之学校。”他住在御幸町的松屋吉兵卫方（今松吉旅馆），并在这里将自己的考察写成《京都学校之记》：

欲在民间设学校教育人民乃余辈积年之宿志也。今来京都，方得见其实际，其悦恰如归乡逢知己朋友。大凡世间之人见此学校而无感者，可谓无报国心之人也。

正如他用这样的语言结束文章一样，他期待着这样的一天到来，即其他府县模仿京都的学区制来建学校，日本全国的子女都接受学校教育。

不久，槙村正直知事委托对京都学区制深表关注的福泽谕吉设立庆应义塾分校。这或许是因为当时的外国语教育被认为是庆应义塾的专业，而且槙村知事也痛感其必要性吧。于是福泽谕吉马上应允，并于明治七年（1874）一月开学。地点在当时的所司代遗址，即设在京都府厅的临时中学内的一间校舍，以福泽门下的庄田平五郎为主，由来自三田的教员教授洋书。这里原是政府机关的临时宿舍，所以有些不便。但是福泽在给庄田的信中写道：

> 京都分校在中学校内，有些许机关带来的不便，确如新宫氏之所留意。虽然如此，若我辈在京都所倡教授之法实际上适于人情，教者、习者皆得适宜，则不必忌惮官立之中学校。与官员熟谈之后，可全废中学校，中止官名，由我辈接手。此等之事，不应惊讶。（同年二月二十三日）

从中可以看到福泽谕吉对京都教育的热情。虽然是只有一间讲堂的学校，但同样可以通过福泽谕吉的《京都庆应义塾之记》了解到其入学、教授之法、受教科目、休业、书籍之事、学生须知等。塾生有十几人。同年四月，因为在教授者出差方面发生困难，义塾的生命没能维持长久。但这也可以算是文明开化时期京都的一景吧。

新岛襄从完全不同的角度实现了福泽谕吉对京都所抱的期待。他曾修习兰学[339]，明治维新前偷渡美国，研学十年后归国，明治八年与山本觉马结成财团**同志社**，继而创立英语学校。山本觉马曾任京都府顾问，协助槙村正直参事实施学区制。英语学校的基础是基于基督主义的自由主义、民主主义、国际主义的教育。因而在教育中摒弃偏重知识的思想，着眼于良心的养成，培养出了许多践行主义的知名人士。不可否认同志社的风气出自基督主义的方针，但是不应忘记京都的精神底色，即最为传统的京都同时也养育了同志社。隔着今出川通，在京都御所北边建造的同志社西洋式建筑，与临济宗本山相国寺形成富有京都特色的鲜明对照。想象一下刚开始建造时这一带充满朝气的景象，也定是很令人愉悦的吧。

大学物语

不久，京都东北的小丘陵、吉田山麓、东一条就发展成近代学术的摇篮，而祭祀于吉田山腹中的吉田神社和太元宫在中世时曾是神道教育的核心。这里面有一种不可思议的对比之妙。

吉田神社是于贞观元年（859）藤原氏即将开始跻身政治领

让人想到文明开化的同志社

域的时候劝请奈良春日神社而成的。红色掩映在翠绿的山腹中，美丽的春日造四间社殿小巧舒适。但是从本社向东南上行不足一町的地方便是红色鸟居和围着玉垣的斋所，这里更加重要。回廊中央是太元宫，是庆长六年（1601）营造的八角堂，但屋顶的千木、鱼形压脊木的形态非常怪异，充满了神秘感。太元宫左右两侧供奉着《延喜式》所载的日本诸神共 3132 尊，背面还有叫作外宫宗、内宫源的伊势神宫的迁祠。由于应仁文明之乱，京都化为焦土。文明十六年（1484）吉田神社家族的吉田兼俱开始宣扬说，这里是内外宫等全国神社的宗源。如果将当时在各国成立的总社视为神社版的地域性封建制，那么可以说太元宫就是想实现中央集权。政治意味如此浓厚是因为得到了当时幕府的实权人物日野富子[340]的支持。因此而确立了叫作吉田神道的神学教育。这座山也被叫作神乐冈，也是因为这段缘由。太元宫的构想给了化为焦土的京都以新的重生的精神支柱。如果参拜太元宫，就等于参拜了全国的神，所以它才成为京都复兴的策略之一吧。甚至是今天，在立春前一天，这个大学之町也还是参拜者如织。

取自神乐冈的神陵名称在明治时因三高的学生而广泛传播开来。一高有向陵，相对的，三高有神陵。明治伊始，第三高等学校的起源与京都无关，而是起源于开设在大阪的舍密局，其后于明治十二年（1879）变成大阪专门学校，十八年改为大学分校，翌年又改为第三高等中学校，后来于明治二十二年迁到京都。继而于二十七年学制改革时诞生了第三高等学校。这时的校舍就位于现在京都大学主楼的位置。京都在拥有 64 所小学、4 所中学之后，又有了第一所高等学校，肯定是高兴得不得了吧。京都市民们对三高学生的喜爱某种意义上与町组制不无关系。

从这时起，把京都建成与东京相匹敌的关西学术中心的构想开始变成现实。明治二十六年（1893），在帝国议会上，自由党的长谷川泰等 32 名议员提出在京都设立大学的议案，并建议可以通过废止文部省已建立的一部分直辖学校，将其经费转充于此。该议案获得议会通过。于是第三高等学校在一段时间里采取等级稍低的分科大学的形式，废止大学预科，设立法学部、工学部、医学部。当时因日清战争[341]爆发，所以具体实施稍晚了些。在战后明治三十六年六月，文部大臣西园寺公望决定设立京都帝国大学。于是**京都大学**从一开始就背负着成为与东京大学匹敌的学术中心的使命。东京是政治的中心，是培养官吏的场所，而京都却是不为政治所取的自由天地，它的意图就是创建一所探究真理、钻研学问的学府。之所以这样认为，也是因为在京都设立大学实际上是由西园寺公望决定和推动的。

西园寺公望在明治维新前两年即庆应二年（1866），年仅 18 岁的时候，已经在京都御所苑内的私邸每月举行一两次诗会了。当时出席的人有著名的诗儒横山湖山（后之小野）、赖山阳次子赖支峰、梁川星岩的未亡人红兰、山中静逸等人。他们互相品鉴古今诗文，但有时这个诗会也会骤变成时事问题的评论会。明治维新时西园寺公望先任山阴镇抚，后又讨伐越后、会津。卸任后回到京都时，又以原来的诗会为基础开设私塾，名“立命馆”。名称取自《孟子·尽心》。他称教师为宾师，广濑青村、松本龙、江马天江、神山凤阳等均在其列。这个私塾正合时宜，很快塾生云集，常有七八十人到百人，所以增建长屋，充当校舍。但是随着私塾的名声越来越大，也许是因为害怕发生对时事问题的讨论、甚至对政府政策的批判吧，京都府厅关闭了私塾。

> 诚此度之一事，抑何等之政令哉？方今虽取自西洋，而至于商人，设会社而修身事切。夫私人开设学校，或由政府助其会计，各人勉力自强。况堂堂神州，实望一郎（西园寺公望假名）不肖，既要培养一人半体之人物，又要相报国恩九牛之一毛。其愚忠唯先生等知晓之事，今更不必说，待前辈到来时，大学校拿出笔记，得到“员工令人钦佩”之回答，长官回答“尽力教授”，如此这般也。但为家仆、子弟设立，而其师之门人，其生徒多有出入，此事不必急于申诉。且今乃暂时之事，必可实现再兴。其间可等待时机。（致立命馆诸先生，明治三年五月二十四日）

这时，正在长崎学习法语的西园寺公望给宾师们写了这封信，以期再兴。他于明治三年（1870）十一月赴法。二十年后得到在京都设立大学的建议时，他的心中肯定掠过了这时的情景吧。他年轻时就有设立学校的强烈念头，而今虽说是官立，但大凡可以体会到他对在京都开设大学曾是多么期待吧。

明治三十年九月，京都帝国大学开设了理工科大学，三十二年九月，开设了法科、医科大学。理工科大学很快就开学了，因为它全部接收了包括校舍在内的、具有大阪舍密局以来传统的第三高等学校的设施。这时的三高迁到南面现在教养部的地方。当初计划的四科当中，只有文科大学因为即将就任的教授们到海外留学，又因为日俄风云告急，所以推迟于战云消散的明治三十九年九月（1906）开学。至此，京都的大学在巨大的期待中起步，作为在京都土地上成长起来的京都的学问，其传统代代相传。特别是在面对权力的压迫的时候，大学总是展现出强烈的反弹，始终坚守着大学的独立和学术的自由。例如，明治三十六年五月，在以东京帝国大学为中心的户水宽人博士等所谓的七博士事件中，京都帝国大学法科大学的教授们共同为撤回行政处分而斗争。在大正二年（1913）京都帝国大学发生的泽柳事件中，大学很好地贯彻了初衷，取得了校内行政的自治。其后因昭和八年（1933）泷川教授休假问题引发的京大事件等一系列事件，为我们留下了光辉的抵抗史。在自由的大学学习的人们当中，也涌现出许多具有担当新社会责任思想和信念的人。

在昭和八年的京大事件中被免职的佐佐木总一博士等教授一起转入私立的**立命馆大学**。当时的人们以巨大的感动来欢迎他们。在创立京都帝国大学时，西园寺公望文相的秘书中川小十郎转任京都帝国大学的事务官。他为大学的创立而奔走，致力于在民间普及大学教育，于明治三十三年租下贺茂川畔东三本木旗亭的二层和三层，请来法科大学的教授当讲师，开设了私立的夜大京都法政学校。不久，校舍迁移，校名也改为大学。因为西园寺公望任山阴镇抚时结识了中川小十郎的缘故，大正二年（1913）十二月，京都法政学校继承了明治初年私塾立命馆的称号，并尊西园寺公望为学祖。这么看来，立命馆接受京大被免职教授一事也让人感受到它与西园寺公望的渊源。当时京大事件的发展将会左右日本大学的命运，引起世人的巨大关注。结果却不像以前的泽柳事件，而是以大学的自治遭到蹂躏、自由遭到破坏的形式结束。这无论如何也让人觉得惨痛。因为这一事件，对学术、思想的压迫迅速升级，时局也越来越紧迫。

战后京都的大学也如同社会其他方面一样，发生了巨大的转变。京都大学迎回了曾被京大赶出去的泷川教授，并让他担任了京大的校长。京都学问所具有的不为权力所左右的自由具有多么重大的意义啊。重新认识这一点的时代到来了。京都大学留下来的抵抗史第一次被正确评价的时代到来了。国立和私立大学之间还有市立的美术大学和音乐短期大学，它们依托拥有悠久历史的京都画坛和具有新鲜风格的交响乐团开展活动。京都在整个历史进程中都是学问与艺术之都。

京都今后将会怎样？我想，讨论这个问题当然还有其他的机会。但是今天，人们已经开始对京都市在国际文化观光都市的美名下强力推进的观光至上主义进行深刻的反思了。京都把一年四季各种各样的宗教活动都一股脑地变为旅游资源的政策屡屡掀起争论，但是只有尊重文化才是信仰和观光的妥协点。既然标榜为文化观光都市，那么文化就不能成为观光的牺牲品，而更应该通过彻底贯彻京都乃文化都市的理念，顺理成章地达到观光的目的。甚至为了京都的新发展，打造工业城市的议论也被提了出来。但是如果想通过合并长冈町、向日町等相邻町村来打造工业区的话，就免不了被谴责为单纯追求税收这种外在力量。那么京都的传统产业究竟将如何发展呢？西阵织、清水烧、京扇子，都可以叫作观光产业，同时它们也是文化创造的一个侧面。只有深刻认识到这一点，才能开辟新的活路。相对于东京的政治、大阪的经济，京都则是文化，即学术和艺术的都市。当东京、大阪年复一年越来越远离学术和艺术的时候，京都所发挥的作用将更大。这种三都观今后将会得到越来越清晰的证实吧。

附 录

译　注

1. 祇园会，京都市祇园社的祭祀活动。以前是在每年阴历六月七日到十四日举行，现在是 7 月 17—24 日。有山鉾车巡行等活动，被认为能驱散夏天的疫病。
2. 山鉾，祭祀活动时用于游行的一种花车。将车上的东西做成山的形状，上面插上矛、长刀等。有时还会有人在车上跳舞、演奏乐器。
3. 平安京，也叫平安城，794—1869 年为日本的首都。仿唐长安城而建，位置相当于今京都府京都市。
4. 这里的“町”为长度单位，1 町 = 60 间，约为 109 米。
5. 空海（774—835），平安时代初期僧人。俗名佐伯真鱼。谥号弘法大师。804 年入唐留学，随长安青龙寺惠果和尚学密教。806 年回国，后开创日本真言宗。
6. 守敏，生卒年不详，称作守敏僧都。平安时代前期僧人。在大和国石渊寺随勤操等学三论、法相，通真言密教。
7. 源顺（911—983），平安时代中期学者、歌人、贵族。官至能登守，从五位上。三十六歌仙之一。有和歌私家集《源顺集》。

8. 桓武天皇（737—806），日本第五十代天皇。白壁王（后之光仁天皇）第一王子，母为出身于百济系氏族和氏的高野新笠。

9. 贞观，日本平安时代前期清和天皇和阳成天皇的年号，859—877 年。

10. 御灵会，平安时代以后，为镇抚瘟神和死者的怨灵而举行的祭祀活动。也叫御灵祭。

11. 王朝时代，指以天皇为政治中心的奈良时代（710—794）和平安时代（794—1185），与武家时代相对。有时也专指平安时代。

12. 藤原冬嗣（775—826），平安时代初期的廷臣。通称闲院左大臣。出身于藤原北家，右大臣藤原内麻吕次子。历任藏人头、大纳言、右大臣等职。深受嵯峨天皇信赖，奠定北家繁荣的基础。

13. 赖山阳（1781—1832），生于大坂，名襄，字子成，号山阳，又号三十六峰外史。江户时代后期的历史学家、思想家、文人、汉诗人。赠正四位。著有《日本外史》《赖山阳诗抄》等。

14. 幕末，指江户时代末期，从 1853 年（黑船来航）到 1868 年（戊辰战争）。

15. 中世，日本历史分期方法之一。日本史被分为原始、古代、中世、近世、近代、现代等几个时期，但起始和结束的时间各说不一。一般认为，原始社会指绳文文化时代和弥生文化时代。古代指大和时代、奈良时代、平安时代。中世指镰仓时代、室町时代。近世指安土桃山时代和江户时代。近代从明治维新到第二次世界大战结束。1945 年以后为现代。

16. 官币，古代是神祇官，明治以后是宫内省在进行祭祀活动时向具有一定神格的神社供奉的币帛。

17. 室町时代，从 1333 年镰仓幕府灭亡到 1573 年室町幕府灭亡的时期。

18. 五山，临济宗在京都的五大寺院。经数次改变，1386 年由足利义满确定序列，即第一天龙寺、第二相国寺、第三建仁寺、第四东福寺、第五万寿寺。又在五寺之上设特别格南禅寺。

19. 侍所，镰仓幕府的政治机构之一，负责管理御家人、刑事诉讼等，长官叫别当。室町幕府时期沿用，还负责京都的警备。长官叫所司，由山名、赤松、一色、京极四家轮流担任，是仅次于管领的官职。

20. 绳文式时代，也叫绳文时代、绳文文化时代，距今约 1 万年前到公元前 3 世纪前后，各地结束年代差异较大。因出土带有绳子纹样的陶器而得名。一般分为早、前、中、后、晚五个时期。

21. 弥生式时代，也叫弥生时代、弥生文化时代，从公元前 3 世纪前后到公元 3 世纪，因在弥生出土不同于绳文式陶器而得名。这一时期，水稻、青铜器、铁器等传入日本。

22. 丹后国，古代国名。713 年，丹波国北部的五郡，即加佐郡、与谢郡、丹波郡、竹野郡、熊野郡被分出来，另设丹后国。相当于今京都府北部。

23. 丹波国，古代国名。相当于今京都府中部、兵库县东部。713 年前还包括丹后国。

24. 奈良时代，从 710 年迁都平城京（奈良）到 794 年迁都平安京（京都）之间的时期。

25. 出云国是古代日本的令制国之一，位于现今岛根县东部。上古时期，出云国由出云氏族统治，其族长被称为出云国造。反正天皇四年（409），出云宫向成为国造，得赐出云臣姓。传说出云氏族是神话中天穗日命的后裔。族长出云国造家代代祭祀出云大社，直至今日。

26. 大和，也写作倭国，古代国名，相当于今奈良县一带。

27. 平安时代，从 794 年桓武天皇迁都平安京（京都）到 1185 年镰仓幕府建立之间的时期。

28. 山城、山代、山背，读作 yamashiro，古代国名，相当于今京都府东南部。

29. 日向，古代国名，相当于今宫崎县。7 世纪初期刚成立时还包括今鹿儿岛县九州本土部分，后被分割。

30. 神武天皇，日本第一代天皇汉风谥号，被认为是神话传说中的人物。神倭石余比古是其和风谥号。《古事记》写作神倭伊波礼毗古命，《日本书纪》写作神日本磐余彦天皇。

31. 久我国，葛野、乙训一带的古称。

32. 蝉与濑见同音。读作 semi。

33. 摄社，附属于本社，祭祀与本社祭神关系密切的神灵的神社。地位在本社与末社之间。在本社境内的叫境内摄社，在境外的叫境外摄社。

34. 寻，长度单位，两臂左右平举，左手指尖到右手指尖的长度为一寻，5—6 日尺，合 1.5—1.8 米。在古代中国，八尺为一寻。

35. "可茂"（kamo）与"贺茂"（kamo）读音相同。

36. 钦明天皇，第二十九代天皇。继体天皇之子，母手白香皇女。

37. 筑紫，广义指整个九州岛，狭义指筑前（今福冈县西北部）、筑后（今福冈县南部）两国。

38. "鸭"（kamo）与"贺茂"（kamo）读音相同。

39. 洛，日本将京都比作中国的古都洛阳，简称洛。

40. 太秦，位于今京都市右京区。

41. 应神天皇，第十五代天皇。仲哀天皇之子，母息长带比卖命。

42. 弓月君，也称作融通王。传说中的人物，被认为是秦氏的祖先。自称是秦始皇的子孙，应神天皇时自百济移民到日本。

43. 葛野地区，今京都市右京区。

44. 仁德天皇，第十六代天皇。应神天皇之子，母中日卖命。被认为是中国史书所载“倭五王”中的赞。

45. 姓，源于当时的氏姓制度，与中国的“姓”的含义不同。5世纪后期，日本逐步形成了以大王（后来的天皇）为中心的大和政权，其政权基础就是大和及其周边的大大小小的豪族。当时的豪族主要是由有血缘关系的人们（也包括部分没有血缘的人们）构成的集团。这样的集团叫作“氏”（uji）。氏的首领叫氏上，氏的成员叫氏人。各个氏或以地域冠名，或以所从事的职业冠名。如葛城氏、平群氏是以地域冠名。葛城在今奈良盆地西南部一带，平群在今奈良县生驹郡平群町一带。忌部氏、土师氏则是以职业冠名。忌部氏负责朝廷的大尝祭等祭祀活动。土师氏负责用于丧葬的陶器、陶偶等的制造。

朝廷根据各个氏的地位和职业赋予他们称号，这个称号就叫“姓”（kabane）。姓有公（君）、臣、连、直、造、首、史、药师等。公（君）姓赐予从皇室中分离出来的氏和地方的豪族。有的公（君）姓豪族拥有相对于皇室的较强的独立性。臣姓也是赐予从皇室中分离出来的氏，大多居住在大和地区，被认为是构成大和政权的强势豪族。连姓赐予皇室以外的实力较强的氏，多是为朝廷服务的伴造。直姓赐予归顺朝廷的地方豪族。造姓赐予朝廷的品部和名代、子代的管理者，即伴。首姓赐予地方的伴造和那些居住在地方村落中的大陆移民的首领。史姓、药师姓等主要赐予5世纪以后移民来的氏。这些姓比较新，多来自他们所从事的职业。

在大和朝廷，连姓豪族和臣姓豪族都占有重要地位，最有势力的臣、连被称作大臣、大连。氏姓都是世袭的。

46. 继体天皇，第二十六代天皇。应神天皇五世孙。

47. 推古天皇（554—628），第三十三代天皇。钦明天皇之女，母岐多斯比卖。敏达天皇皇后。

48. 圣德太子（574—622），名厩户皇子。用明天皇之子，母为钦明天皇之女穴穗部间人皇女。政治家、思想家。为推古天皇摄政，制定冠位十二阶、宪法十七条，以期加强中央集权；派遣隋使，努力引进大陆文化；扶持佛教，并著《三经义疏》。

49. 半跏，即半跏趺坐。诸佛打坐姿态包括结跏趺坐和半跏趺坐。结跏趺坐，即互交二足，将右脚盘放于左腿上，左脚盘放于右腿上的坐姿。半跏趺坐，俗称单盘坐，即交一足，将一足盘起。

50. 皇极天皇（594—661），第三十五代天皇。敏达天皇之孙茅渟王之女，母为钦明天皇孙女吉备姬王。舒明天皇后。642年即位，645年让位给孝德天皇，655年重祚，为齐明天皇。天智天皇、天武天皇之母。

51. 藤原时代，日本文化史，特别是美术史的分期之一，指894年废止遣唐使以后的平安时代中期、后期。是藤原氏实行摄关政治的时期。这一时期，女性文学、大和绘、日本式书法、寝殿造等所谓“国风文化”繁荣。

52. 承和，仁明天皇年号，834—848年。

53. 镰仓时代，指从源赖朝打败平氏政权，并在镰仓开设幕府的1185年到镰仓幕府灭亡的1333年之间的一个时期。

54. 崇峻天皇（？—592），第三十二代天皇。钦明天皇之子，母苏我小姊君。初为权臣苏我马子所拥立，后发生对立，被暗杀。

55. 应仁文明之乱，也叫应仁之乱。室町时代末期的1467—1477（应仁元年至文明九年）以京都为中心发生的全国规模的内乱。围绕幕府将军的继承等问题，守护大名发生内斗。全国分成东军（细川胜元一方）和西军（山名持丰一方）两大阵营，展开激烈的战斗。

56. 江户时代，从1603年德川家康在江户（东京）开设幕府到1868年江户幕府灭亡的德川将军家统治日本的时期。

57. 山之巡礼，原文是お山めぐり，是指围绕伏见稻荷大社镇坐的稻荷山，一座山峰一座山峰地进行参拜。

58. 氏子，祖神的子孙，或指祭祀同一氏族神地区的居民。

59. 天平，日本年号之一，729—749年，圣武天皇在位。奈良时代的鼎盛时期，贵族文化、佛教文化十分繁荣。

60. 平城京，即奈良，奈良时代的京城。

61. 藤原广嗣（？—740），奈良时代贵族。737年，在藤原四兄弟相继死后，从从六位上连升三级至从五位下。740年，不从天皇诏敕，在大宰府叛乱，兵败被杀。

62. 光仁朝，光仁天皇（709—781），第四十九代天皇。天智天皇之孙。志贵皇子之子，母为纪诸人之女橡姬。名白壁。

63. 式家，藤原四家之一。中臣镰足因大化改新有功，被赐姓藤原朝臣。其子藤原不比等承袭藤原姓，将其四子封为四个家系，即藤原武智麻吕（南家）、藤原房前（北家）、藤原宇合（式家）、藤原麻吕（京家）。

64. 位，日本古代，根据 701 年的《大宝律令》和 718 年的《养老律令》制定的官吏品阶制度，规定亲王分为“一品”至“四品”共 4 级，诸王为“正一位、从一位”往下至“从五位下”共 14 级，百官为“正一位、从一位”往下至“少初位下”共 30 级。

65. 勋等，日本古代根据律令制度给予立功者的功勋等级，自“勋一等”往下至“勋十二等”共 12 等。

66. 町、反，古代日本土地面积单位。1 町 =10 段 =3000 步，约合 99.18 公亩。反，8 世纪时为 1 反 =360 步。丰臣秀吉太阁检地之后变为 1 反 =300 步。

67. 班田，在日本古代律令制时期，由政府分给人民耕作的田地。

68. 平安京按条坊制划分行政区域，即左右两京被区分为条、坊、保、町。由都城的大路围起来的 180 平方丈的四方区域叫作坊。坊内由东西、南北各 3 条小路划分为 16 个区块，叫作町。将坊区分为 4 块，叫作保，即 1 保 =4 町。

69. 比睿山延历寺，日本天台宗总本山。

70. 最澄（767—822），平安初期僧人。日本天台宗开祖。入比睿山，建一乘止观院（根本中堂的前身）。804 年和空海一起入唐，翌年归国。圆寂后敕谥号传教大师。

71. 宇多天皇（867—931），第五十九代天皇。光孝天皇之子，名定省。

72. 峰延（841—920），平安时代前期至中期的僧人。受藤原伊势人之孙峰直的邀请，宽平年间成为鞍马寺的初代别当。

73. 别当，古代日本衙门的长官。也指大寺院的长官，为僧宫之一。

74. 坂上田村麻吕，平安时代著名的武官，曾任征夷大将军，平定虾夷，得到桓武天皇重用。

75. 桃山时代，指16世纪后半丰臣秀吉掌握政权的约20年时间，是从中世向近世的过渡期。

76. 宽永，江户时代前期后水尾天皇、明正天皇、后光明天皇时的年号，1624—1644年。

77. 丰臣秀赖（1593—1615），丰臣秀吉次子，母名淀君。

78. 丰臣秀吉（1536—1598），战国三杰之一。武家关白、太阁。跟随织田信长统一天下，确立了近世封建社会的基础。

79. 罗生门，即罗城门，是"罗城门"的后世用字。

80. 南北朝，日本的南北朝是指1336—1392年南北两个天皇并存的时期。1336年足利尊氏在京都拥立光明天皇（北朝），后醍醐天皇（南朝）迁到吉野与之对立。1392年南朝合并到北朝，全国一统。

81. 京极，指平安京的东端和西端，东京极后来变成寺町，西京极现已不存。

82. 五畿内，指京城周围的五国，即山城国、大和国、河内国、和泉国、摄津国。

83. 陆奥，古代国名，相当于今天的青森县、岩手县、宫城县、福岛县以及秋田县的一部分。

84. 肥后，古代国名，相当于今熊本县。

85. 播磨国，古代国名，相当于今兵库县西南部。

86. 大堰川，京都中部的河流，属淀川水系，古代曾是输送木材的水路。

87. 非业，佛教术语，非前世的业缘。

88. 北家，藤原四家之一。

89. 长屋王（684？—729），飞鸟时代至奈良时代的皇族，高市皇子之子。721年任太政大臣，为皇族势力的代表。729年为藤原四兄弟所陷，自杀。

90. 淡路废帝，指淳仁天皇（733—765），日本第四十七代天皇。舍人亲王之子，天武天皇之孙。758年二月受孝谦天皇禅位。因与孝谦上皇不和，八月被上皇重夺帝位，并流放淡路。

91. 平城天皇（774—824），第五十一代天皇。名安殿。桓武天皇之子，母藤原乙牟漏（桓武天皇皇后）。

92. 嵯峨上皇，即嵯峨天皇（786—842），日本第五十二代天皇。桓武天皇之子，母藤原乙牟漏。809年同母兄平城天皇让位后即位。823年禅位给异母弟淳和天皇，成为上皇。

93. 垂迹，神道教的一种理论，佛、菩萨为普度众生而现身。在日本，把原有的神祇看作佛或菩萨的垂迹。

94. 阳成天皇（869—949），第五十七代天皇，清和天皇之子。

95. 神佛习合，指日本本土信仰（神道教）与佛教混合、折衷，形成一个信仰体系的宗教现象。

96. 聚乐第，丰臣秀吉在京都建造的宅邸，1587年竣工。极尽华丽与庄严，是桃山文化的代表性建筑。其养子丰臣秀次死后废弃。大德寺唐门、西本愿寺飞云阁为其遗构。

97. 神人，神社的下级神职人员。

98. 本所，日本古代的庄园领主。

99. 座，行会。中世，工商业者、交通运输业者、艺人、妓女等各行各业组成的特权性质的同业集团。他们以朝廷、官衙、公家贵族、大神社、大寺院等为本所，隶属于本所并为其提供服务（座役），作为补偿，他们受到保护，得到销售的垄断权、免除课役的特权等。

100. 光孝天皇（830—887），第五十八代天皇。仁明天皇之子，母为纪伊国守藤原总继之女藤原泽子。

101. 法亲王，日本皇室男子出家后被封为亲王的叫作法亲王。而先被封为亲王，后来又出家的叫作入道亲王。

102. 圆融天皇（959—991），第六十四代天皇。村上天皇之子，母为藤原师辅之女中宫安子。

103. 一条天皇（980—1011），第六十六代天皇。圆融天皇之子，母为藤原兼家之女藤原诠子（东三条院）。

104. 后朱雀天皇（1009—1045），第六十九代天皇。一条天皇之子，母为藤原彰子（上东门院）。

105. 后三条天皇（1034—1073），第七十一代天皇。后朱雀天皇之子，母为三条天皇之女阳明门院祯子内亲王。

106. 清原夏野，平安时代初期的皇族，政治家，小仓王第五子。

107. 待贤门院（1101—1145），鸟羽天皇皇后。名璋子。藤原公实之女。崇德天皇、后白河天皇生母。

108. 恒寂法亲王，即恒贞亲王（825—884），淳和天皇之子。曾为仁明天皇时的皇太子，后被废。849 年出家，法号恒寂。嵯峨大觉寺初祖。

109. 门迹寺院，皇族或贵族担当住持，在国家享有重要地位的寺院。门迹，本义是继承祖师法门的寺院或住持。平安时代宇多天皇出家为僧，住在京都御室仁和寺，这个寺院就被叫作御门迹。后来法亲王住的寺院就称作门迹。镰仓时代以后，成为最高级别寺院的称号。

110. 后水尾天皇（1596—1680），第一〇八代天皇。1611—1629 年在位。后阳成天皇之子，母为藤原前子（中和门院）。

111. 法皇，太上皇出家后的称谓。

112. 公家，本指天皇或朝廷，后也指奉仕朝廷的贵族和高级官员、三位以上可世袭爵位的家族。特别是平安时代后半武士集团崛起以后，公家泛指与武家相对的文官。

113. 古代和中世，每当天皇即位时就会派未婚的皇女作为斋王代替天皇去伊势神宫侍奉。斋宫，即指斋王的居所，也代指斋王。

114. 向井去来（1651—1704），江户时代前期、中期的俳人。蕉门十哲之一。名兼时。住京都落柿舍，师从松尾芭蕉。著有俳句论《旅寝论》《去来抄》等。

115. 今样，平安时代中期到镰仓时代初期流行的一种民歌曲调。歌词为日语假名“七五调”四句，用鼓等伴奏。

116. 仁明天皇（810—850），第五十四代天皇。嵯峨天皇之子，母为皇后橘嘉智子。

117. 文德天皇（827—858），第五十五代天皇。仁明天皇之子，母为藤原冬嗣之女顺子。

118. 醍醐天皇（885—930），第六十代天皇。宇多天皇之子，母藤原胤子。

119. 明正天皇（1623—1696），第一〇九代天皇。名兴子。后水尾天皇次女，母为德川秀忠之女和子（东福门院）。

120. 后水尾院，即后水尾天皇。

121. 院政，上皇或法皇在院厅执政的政治形态。始于白河上皇时期的1086年，形式上终于光格上皇死去的1840年。历史上的院政时代是指白河、鸟羽、后白河三代上皇的时期。

122. 书院造，始于室町时代，形成于桃山时代的武家住宅样式。脱胎于寝殿造，但更复杂，明确区分了接客区、家族生活区、厨房等杂务区。

123. 第二室户台风，1961年第18号台风，名南希。9月16日在室户岬登陆，给大阪湾沿岸造成巨大灾害。

124. 寝殿造，平安时代中期形成的贵族住宅样式。以面南的寝殿为中心，东西北三面各有一对屋，并以叫作渡殿的长廊连接。南面有池，池边有钓殿。

125. 送乳信仰，日野资业为了安置药师如来建了药师堂。奶水不足的母亲到这里祈求药师送奶水，形成送乳信仰。所以药师如来又叫"送乳药师""日野药师"。后来，人们也来这里祈求顺产、育儿、疾病痊愈等。

126. 从祖先藤原家宗那里传下来的传教大师最澄自作的小像应为三寸，装在药师如来像的胎内，安置于药师堂。

127. 这首和歌应出自《拾遗和歌集·杂恋》第1243首，作者是柿本人麻吕。

128. 摄关政治，平安时代中期，由藤原氏出身的摄政、关白代替天皇，或辅佐天皇行使政权的政治。摄政是在天皇年幼时辅佐天皇，关白是天皇成人后辅佐天皇执政。实质上是同时垄断政权。

129. 佛教，特别是净土教根据众生的慧根，将往生极乐世界的众生分为九品，即上上、上中、上下、中上、中中、中下、下上、下中、下下。上品上生为最高，是指有至诚心、深心、回向发愿心的人。临终时由阿弥陀佛及众菩萨接引（来迎）往生。

130. 修学院，即修学院离宫，位于京都市左京区比睿山麓，由后水尾天皇下令建造被认为是王朝文化审美的巅峰。

131. 声明，佛教乐曲的一种，指举行法事时，伴随旋律唱诵经文或真言。日本天台宗僧人圆仁（慈觉）于 847 年从唐朝归国，以比睿山为中心传授习自中国五台山的声明。之后，同为天台僧人的良忍（1073—1132）在京都大原开设声明道声，成为天台声明的集大成者。

132. 大原御幸，传说在平家灭亡之后，建礼门院（平德子）出家隐匿在大原。后来白河法皇秘密拜访过这里。

133. 寂光土，“常寂光土”之略，指佛所居之净土。为天台宗所说四土之一。佛所住世界为真如本性，没有生灭变化（常），没有烦恼的扰乱（寂），而有智慧之光（光），故称常寂光土。

134. 练供养，寺院法会之一，人们装扮成来迎菩萨，列队缓慢行进。

135. 东山天皇（1675—1709），第一一三代天皇。灵元天皇之子，母松本宗子（敬法门院）。

136. 中宫，本指皇后的住所，也指皇后。

137. 余庆（919—991），平安时代中期天台僧人。权僧正，僧官品级之一，位于大僧正、僧正之之下。

138. 白川女，身着京都白川地区特有的服饰、将花放在头顶沿街叫卖的女性。

139. 三善清行（847—918），平安时代前期公卿、学者。任文章博士、大学头、参议。通经史、诗文、算学，著有《圆珍传》《藤原保则传》等。

140. 建礼门院（1155—1213），高仓天皇中宫。名平德子。平清盛之女。

141. 信西（1106—1159），藤原通宪在家剃度修行时的法名。平安时代后期的公卿、学者。保元元年（1156）围绕皇位继承问题，崇德上皇与后白河天皇发生对立，随即发生内乱。信西辅佐后白河天皇，取胜后掌握实权。后在平治之乱时被杀。

142. 承久之变，也叫承久之乱。承久三年（1221），后鸟羽上皇为了恢复皇权而举兵，试图剿灭镰仓幕府。兵败，后鸟羽上皇、土御门上皇、顺德上皇被流放。

143. 江州，近江国的别名，今滋贺县。

144. 六胜寺，平安时代末期建在京都东山冈崎附近的皇室御愿寺的总称，包括法胜寺、尊胜寺、最胜寺、圆胜寺、成胜寺、延胜寺。

145. 白河天皇（1053—1129），第七十二代天皇。名贞仁。后三条天皇之子，母为藤原公实之女璋子（待贤门院）。1072—1086 年在位。让位后创始院政。

146. 四圆寺，平安时代建在京都市右京区龙安寺附近的四座皇室御愿寺的总称，包括圆融寺、圆教寺、圆乘寺、圆宗寺。

147. 近卫天皇（1139—1155），第七十六代天皇。名体仁。鸟羽天皇之子，母为藤原长实之女得子（美福门院）。

148. 飞鸟时代，从 592 年推古天皇即位起到 710 年迁都平城京（奈良）为止的时期。

149. 东大寺位于今日本奈良市，始建于日本天平年间。其本尊（主佛）是安放于大佛殿内的毗卢遮那如来像，通称“奈良的大佛”“东大寺大佛”，等等。

150. 奈良法师，指奈良东大寺、兴福寺等寺院的僧人们。

151. 山法师，指比睿山延历寺的武装僧兵。

152.《信贵山缘起绘卷》，平安时代末期的绘卷。绘卷是一种水平延伸的横长画卷，用来表现场景和物语故事，日本特有的绘画形式。《信贵山缘起绘卷》分为三卷，讲述了在信贵山修行的僧人命莲圣的灵异故事。

153. 第一卷故事概要：信贵山山麓上居住着一名山崎富商，命莲常以神力将化缘用的钵送到富商家中，待富商盛满食物后，再将其收回。有一天，富商拒绝再向钵中盛放食物，并将其锁进了自家仓库。结果，钵将整个仓库托起，飞向了山中命莲所在的地方。

154. 下种德人，富有但身份低贱的人。

155. 尼公，泛指身份高贵的出家女性，这里指命莲圣的姐姐，她从命莲的故乡来到信贵山拜访命莲，第三卷即以她的视角展开。

156. 名主，日本古代从庄园领主处领有名田、承担其经营活动并向领主纳贡的阶层。

157. 校仓，木造仓库的一种。

158. 应天门之变，866 年应天门纵火案引发的政治事件。大纳言伴善男检举左大臣源信是纵火犯。太政大臣藤原良房向天皇进言，为其辩护。后得密告，说伴善男父子是纵火犯。审问后流放。事件后藤原良房掌握实权。

159. 保元之乱，保元元年（1156）围绕皇位继承问题，崇德上皇与后白河天皇发生对立，随即发生内乱。摄关家以及源氏、平氏的武士团也都加入战斗。最后后白河天皇一方取胜。崇德上皇被流放赞岐。

160. 平治之乱，平治元年（1159）源义朝为打倒平清盛，联合藤原信赖起兵。最后兵败，二人被杀。从此出现平氏政权。

161. 治承、寿永之乱，也叫治承之乱、源平之战。治承四年（1180）后白河法皇之子以仁王举兵，各地响应，开始了讨伐平氏政权的战争。历经六年，寿永四年（1185）坛浦之战后，平氏灭亡。

162. 鸟羽院，即鸟羽天皇（1103—1156），第七十四代天皇。堀河天皇之子，母为赠皇太后藤原苡子。1107—1123 年在位。退位后于 1129 年实施院政，历经崇德天皇、近卫天皇、后白河天皇三代共 28 年。

163. 平忠盛（1096—1153），平安时代末期武将。平正盛之子，平清盛之父。得白河上皇、鸟羽上皇宠信，从检非违使一直升到刑部卿。因与宋贸易积累了巨额财富，又有公家素养，逐步巩固了平氏在宫廷中的地位。

164. 崇德院，崇德天皇（1119—1164），第七十五代天皇。鸟羽天皇之子，母为中宫藤原璋子（待贤门院）。1123—1141 年在位。让位后称新院。保元之乱后被流放，并死于赞岐。

165. 平清盛（1118—1181），平安时代末期武将。平忠盛之子。通称平相国。法号净海。继承了其父的地位和遗产，进入政界。保元平治之乱时扫灭敌对势力，为从一位太政大臣。

166. 六波罗政权，平安时代末期平清盛建立的政权。

167. 六波罗探题，镰仓幕府的职务名，权力仅次于执权。设南北二名。承久之乱后，为了警卫京都，监视朝廷，掌管尾张、加贺以西的政治、军事而设在六波罗的机构。

168. 鸟边野，位于京都东山区，是古时的火葬场。

169. 小野篁（802—852），平安时代前期汉学者、歌人。有许多关于他往返冥府、在地狱做冥官的传说。

170. 猿乐，日本古代文艺表演之一。平安时代主要表演杂耍、滑稽、模仿等。到了平安末期，有了较清晰的编排。镰仓时代加进了戏剧元素。室町时代初期以台词加歌舞为主，成为后来能剧的雏形。

171. 声闻师，也叫唱门师、唱文师。中世具有某种巫术职能的艺人。源自古代的阴阳师文化，进行读经、曲舞、占卜、猿乐以及祈祷等巫术性质的表演。身分为贱民。室町时代在兴福寺结成座（行会），依靠寺院的权威管理其他杂艺者。

172. 世阿弥（1363？—1443？），室町时代初期猿乐师，能剧作家。原名元清。艺名世阿弥陀佛、世阿弥、世阿。与其父观阿弥一起确立了猿乐能。特别是将从前以模仿为主的猿乐改变为以歌舞为主的幽玄能，并完成新形式的梦幻能，大大提高了猿乐能的艺术性。著有《老松》《高砂》等近50部能，还有能剧论《风姿花传》等。

173. 管领，室町幕府第一要职，辅佐将军，统辖全盘政务。

174. 源信（942—1017），亦称惠心僧都、横川僧都。平安时代中期天台宗僧人。师事比睿山良源，著《往生要集》，为净土教的形成奠定了基础。

175.《方丈记》，镰仓时代前期的随笔。一卷。鸭长明著。1212年完成。该书以佛教的无常观为基调，用简练的文笔描述了大风、饥馑等不安的社会状况，以及自己闲居日野山中方丈庵的闲适生活。

176. 福原迁都，为了躲避源赖政举兵造成的政局不稳，以及寺院势力的压迫，平清盛于1180年六月迁都至摄津国福原（今神户市兵库区、中央区附近）。但因都城的建造受阻，于是于十一月又迁回京都。

177. 源赖朝（1147—1199），镰仓幕府第一代将军。1180年响应以仁王追讨平氏的令旨举兵。1192 年任征夷大将军，建立日本第一个武家政权。

178. 北条时政（1138—1215），镰仓幕府第一代执权。源赖朝之妻北条政子之父。镰仓幕府的创业功臣。

179. 荣西禅师（1141—1215），镰仓时代初期的禅僧。日本临济宗开祖。曾在比睿山学习天台宗教义，后两度入宋，学得临济禅。

180. 小松内府重盛，即平重盛（1137—1179），平安时代末期武将。平清盛长子。别名小松内府、小松殿、灯笼大臣。保元、平治之乱时有战功，升任从二位内大臣。性温厚，重道理，有人望。

181. 塔头，日本禅宗特有建筑，大寺院内部的附属寺院。

182. 末寺，从属于本山、本寺的寺院。

183. 东大寺劝进，1181 年，为了重建被烧毁的东大寺，后白河法皇特任重源为大劝进职，负责募化建设资金。日语的“劝进”是募化的意思。

184. 重源（1121—1206），镰仓初期净土宗僧人。号俊乘房（坊）、南无阿弥陀佛。初学密教，后随法然学净土教，游历各地，并三度入宋。为重建东大寺，被后白河法皇任命为大劝进职。

185. 长谷川等伯（1539—1610），安土桃山时代的画家。初号信春，画佛画。后去京都，学各派画法，确立日本独特的水墨画样式。

186. 海北友松（1533—1615），安土桃山时代的画家。初学狩野派，私淑梁楷等宋元水墨画风，形成具有独特气魄和情感的画风。

187. 俵屋宗达，生卒年不详，江户初期画家。琳派创始人。

188. 源空（1133—1212），镰仓初期僧人。净土宗开祖。号法然房，被称作法然上人、黑谷上人。初学天台宗，后专信阿弥陀佛，主张只要口诵“南无阿弥陀佛”，死后就能平等往生。谥号圆光大师。

189. 亲鸾（1173—1262），镰仓初期僧人。初学天台宗，后师事法然，成净土真宗开祖。谥号见真大师。

190. 恶人正机说，亲鸾主张的净土真宗的根本思想，即恶人正是阿弥陀佛本愿所要拯救的对象。

191. 德川家康（1542—1616），战国大名，江户幕府第一代将军。1603 年任征夷大将军。

192. 一遍（1239—1289），镰仓中期僧人。时宗开祖。初学天台宗，后在太宰府师事法然徒孙、西山派的圣达。后在熊野闭关，得验。倡导他力念佛。

193. 他力本愿，日本佛教净土教用语，依赖阿弥陀佛普度众生的本愿而成佛。

194. 九条道家（1193—1252），镰仓初期的公卿。摄政、关白。四条天皇外祖父。其四子藤原赖经为将军。晚年与幕府不和，失势。

195. 圣一国师（1202—1280），镰仓中期临济宗僧人。初号圆尔房，讳圆尔。别名辨圆。初学天台宗，后师事临济宗的释圆荣朝、退耕行用。曾入宋，回国后在九州、京都说法，为东福寺开山。敕谥号圣一国师。著《三教要略》。

196. 龟山上皇，即龟山天皇（1249—1305），日本第九十代天皇。后嵯峨天皇之子，母藤原姞子（大宫院）。1259—1274 年在位。让位给后宇多天皇，实行院政。

197. 无关普门（1212—1291），镰仓中期临济宗僧人。南禅寺开山之祖。随东福寺圆尔学禅。1251 年入宋，12 年后回国。谥号佛心禅师、大明国师。

198. 梦窗国师，即梦窗疏石（1275—1351），南北朝至室町时代初期临济宗僧人。初学天台宗、真言宗，后随无隐圆范、一山一宁、高峰显日修临济禅。

开梦窗派。谥号梦窗国师。

199. 后醍醐天皇（1288—1339），第九十六代天皇。后宇多天皇之子，母藤原忠子（谈天门院）。

200. 大灯国师（1282—1337），镰仓末期临济宗僧人。道号宗峰，讳妙超。初学天台宗，后转禅。谥号大灯国师。

201. 花园法皇，即花园天皇（1297—1348），第九十五代天皇。伏见天皇之子，母藤原季子（显亲门院）。持明院系统。1308—1318年在位，让位给大觉寺系统的后醍醐天皇，为太上天皇。1335年剃发，法名遍行。

202. 关山慧玄（1277—1360），南北朝时代临济宗僧人。宗峰妙超的弟子。

203. 藤原佛，平安时代的文化分为前期的贞观时代文化和中、后期的藤原时代文化两大部分。藤原时代，佛像雕刻师定朝等人雕刻的佛像被称为藤原佛。

204. 道元（1200—1253），镰仓初期的禅僧。日本曹洞宗开祖。

205. 东山文化，指室町时代中期的文化。

206. 和气清麻吕（733—799），奈良时代末期、平安时代初期的公卿。和气氏之祖。

207. 弘仁，平安时代初期嵯峨天皇、淳和天皇的年号，810—824年。

208. 文觉，生卒年不详，平安时代末期、镰仓时代初期真言宗僧人。俗名远藤盛远。因误杀源渡之妻袈裟御前而出家。又因对后白河法皇不敬而被流放伊豆。后助源赖朝举兵，复兴神护寺。

209. 后白河法皇，即后白河天皇（1127—1192），第七十七代天皇。鸟羽天皇之子，母藤原璋子（待贤门院），1155—1158年在位，然后让位给二条天皇，实行院政。1169 年出家。好今样，撰《梁尘秘抄》。

210. 明惠（1173—1232），也称作栂尾上人。镰仓时代前期华严宗僧人。法讳高辨。华严宗中兴之祖。初师事高雄山文觉，后在纪伊国白上峰修行。得后鸟羽上皇赐栂尾山，创建高山寺，作为华严宗中兴的中心道场，并因栽培荣西带来的茶而闻名。重戒律，著《摧邪轮》等。

211. 后鸟羽上皇，即后鸟羽天皇（1180—1239），第八十二代天皇。高仓天皇之子，母藤原殖子（七条院）。1183—1198 年在位，后让位给土御门天皇，实行院政。

212. 赞岐国，日本古代国名，相对于今香川县全境。

213. 足利义满（1358—1408），室町幕府第三代将军。

214. 足利尊氏（1305—1358），室町幕府第一代将军。

215. 守护，镰仓幕府、室町幕府设立的官职。源赖朝在各国任命有权势的御家人担任，负责军事和治安。室町时代逐渐取得领国控制权，成为守护大名。

216. 能，日本传统戏剧之一。由中世的猿乐发展而来的歌舞剧。室町时代的观阿弥、世阿弥父子为其集大成者。江户时代基本定型。

217. 明德之乱，明德二年（1391）十二月，山名氏清、山名满幸发动的反幕府叛乱，被足利义满击败。

218. 应永之乱，应永六年（1399），守护大名大内义弘发动的反对足利义满的叛乱，战败而死。

219. 永享之乱，永享十年（1438），围绕将军的继承问题，镰仓公方足利持氏与室町幕府发生对立，并对前来劝和的关东管领上杉宪实发动进攻。上杉向幕府求援，将军足利义教发兵讨伐。翌年，足利持氏自杀。

220. 嘉吉之乱，嘉吉元年（1441），播磨守护赤松满佑在京都自己的宅邸杀害了幕府将军足利义教，之后被幕府军队讨伐，自杀。

221.《洛中洛外图》，描绘了京都街市（洛中）与郊外（洛外）的景观和风俗的屏风画。

222. 井原西鹤（1642—1693），江户时代前期浮世草子、净琉璃作者，俳句诗人。著有《好色一代男》《好色五人女》《日本永代藏》等名著。

223. 土藏，多用作库房，有的也兼作店铺。

224. 吴服，用于制作和服的布料的总称。也指布帛等。江户时代，与麻布、棉布等“太物”相对，专指丝绸类。

225. 银座，江户幕府的银币铸造发行所。年寄，也叫年寄役，是负责管理、运营银座的管理者的头衔之一。

226. 尾形光琳（1658—1716），江户时代中期画家。革新大和绘，装饰画风大胆华丽，世称琳派。代表作有《燕子花图屏风》《红白梅图屏风》等。

227. 生间流，日本料理的一个流派。

228. 月行事，即月执事，也写作“月行司”，是町、座等社会组织、商业组织中的干部之一，以月为单位由组织内的人轮流担任。

229. 柳本贤治（？—1530），通称弹正忠。战国时代武将。丹波土豪波多野稙通之弟。因其弟香西元盛为细川高国所杀，与其兄波多野稙通反叛。大永七年（1527）二月攻进京都。

230. 一揆，一致。揆，准则，原则。《孟子·离娄下》：“先圣后圣，其揆一也。”日语中是“团结一致”“一致行动”的意思。作为历史名词，大约有两层含义。一是指室町时代中期以后，农民、一向宗信徒等为反抗统治者而发动的武装暴动、武装起义。一是指镰仓、室町时代同族的武士们基于共同的利害关系而在政治上、军事上团结一致，共同进退。也指这样的组织。

231. 关东，在古代日本，奈良时代以后指铃鹿、不破、爱发三关以东的地区。平安时代多指逢坂关以东。中世以后指箱根关以东的八国，也叫关八州。有时加上伊豆、甲斐、出羽、陆奥四国，称作关东十二国。

232. 日莲（1222—1282），镰仓时代僧人，日莲宗（法华宗）开祖。

233. 北陆，指日本中部地区日本海一侧的四个县，即新潟、富山、石川、福井。

234. 日像（1269—1342），镰仓时代末期日莲宗僧人。

235. 娑婆，佛教用语，汉译为“堪忍”，指必须忍受生老病死、各种欲望等烦恼的现世世界。

236. 檀越，即施主，施与僧侣衣食或为法会等出资的信众。

237. 一向宗，即净土真宗。

238. 莲如（1415—1499），室町时代中期僧人。本愿寺第八世宗主。净土真宗中兴之祖。谥号慧灯大师。

239. 近江，日本古代国名，相当于今滋贺县。

240. 越前，日本古代国名，相当于今福井县中部、北部。

241. 加贺，日本古代国名，相当于今石城县南部。

242. 一向一揆，室町、战国时代，净土真宗本愿寺派一向宗僧侣和农民信徒联合发动的反抗守护大名、战国大名的武装暴动。

243. 土一揆，指室町时代畿内及其周边地区频发的农民起义。

244. 织田信长（1534—1582），战国时代武将。1573 年灭亡室町幕府，并为结束战国的纷乱、统一日本打下了基础。

245. 西国三十三所，分布在近畿地区二府四县和岐阜县的三十三所供奉观音的灵场的总称。

246. 难波，大阪市的古名。

247. 池坊，日本的花道宗家，历史最悠久、成员最多的流派。池坊之名源自圣德太子的沐浴之池。

248. 蜘盗人、止动方角、盆景、真夺，都是狂言剧名。

249. 御料所，天皇、幕府等公权力所有者的直辖领地。

250. 同朋众，室町时代以后指在将军身边从事杂物和文艺活动的人。

251. 村田珠光（1423—1502），室町时代茶人。随一休宗纯参禅，将禅味带进茶道，始创枯茶，为茶道创始人。

252. 足利义政（1435—1490），室町幕府第八代将军。

253. 武野绍鸥（1502—1555），室町时代末期富商、茶人。堺人。随三条西实隆学习歌学，村田珠光的徒孙，确立了枯茶的地位，对千利休等有很大影响。

254. 堺，城市名，位于今大阪府南部。

255. 夷堂，祭祀夷尊神的地方。夷（ebisu），也写作“惠比须”“惠比寿”等，日本七福神之一。原为海神、渔业神，后又成农业神，平安时代末期又成为市场神（市神、商业神）、福神。后文中的“大黑”即大黑天，同为七福神之一，通常与惠比寿作为一组神被人信仰。

256. 鸟子纸，一种高级日本纸。纸面光滑，呈淡黄色，一般用于绘画和书法，也可用来糊日式建筑中的隔扇。

257. 千利休（1522—1591），安土桃山时代茶人。千家流茶道创始人。

258. 足利义尚（1465—1489），室町幕府第九代将军。

259. 杂色，战国末期以后的町官，在京都所司代领导下协管町的行政、审判、警察等事务。

260. 后祭，山鉾巡行因日期先后而分为前祭和后祭，分别可为一天或几天。为避免矛盾，山鉾巡行的次序由抓阄决定。

261. 桥辨庆山，表现牛若丸（源义经）与辨庆在五条大桥战斗的山车。

262. 寄坐，神灵降临时所依附的地方。也写作“凭子”“尸童”，指神灵所依附的童子、人偶等。

263. 谣曲，用于演出能的剧本。

264. 占出山，山车的一种。

265. 精灵舟，日本一部分地区在名为“精灵流”的纪念故人的活动中使用的、用木头或麦子制作的小船，一般饰有灯和花。人们相信船上载有故人的灵魂。

266. 知行地，江户时代大名赐给家臣的土地。

267. 周防，日本古代国名，相当于今山口县东半部。

268. 石见，日本古代国名，相当于今岛根县西部。石州。

269. 飞驒，日本古代国名，相当于今岐阜县北部。

270. 土佐，日本古代国名，相当于今高知县全境。

271. 大内弘世（？—1380），南北朝时代的武将。周防、石见、长门等国的守护。

272. 大内义兴（1477—1528），室町时代末期的武将。周防、长门、丰前、筑前、石见、安艺六国的守护。大内政弘之子。

273. 吉见正赖（1513—1588），战国时代到安土桃山时代的武将。大内氏、毛利氏家臣。

274. 坂崎出羽守（1563？—1616），江户时代前期武将，大名。宇喜多忠家的长子，名直行、诠家、成正。因关原之战有战功，成为津和野藩主，三万石，改名坂崎直盛。

275. 龟井氏，指龟井政矩（1590—1619），江户时代前期大名。因幡鹿野藩第二代藩主。1617年，因坂崎直盛被除封而转封津和野藩主。

276. 当屋，负责组织祭祀等大型活动的人。

277. 城下町，战国时代以后，以大名所居的城堡为中心在其周围形成的街市。随着幕藩体制的解体而消亡，但近现代的日本主要都市几乎都是在原来的城下町的基础上形成的。

278. 物语僧，中世，特别是室町时代，以讲说物语（故事）为业的明眼的遁世者。他们没有伴奏乐器，而是拿着扇子，高声朗诵军记物语等。

279. 细川，本姓源氏。室町幕府三管领之一。另一管领为斯波氏、畠山氏。

280. 三好长庆（1522—1564），战国时代的武将。细川晴元的家臣。主家衰落后趁机夺权，拥立将军足利义辉。

281. 三好三人众，指三好长庆的三个家臣三好长逸、岩成友通、三好政康。三好长庆死后，拥立幼主三好义继。三人专权。

282. 松永久秀（1510—1577），战国时代的武将。三好长庆的家臣。与三好三人众对立，投降织田信长。

283. 地下人，日本中世以后，对没有官位的名主、庶民的一种称呼。

284. 明智光秀（1528—1582），安土桃山时代武将。1582 年发动本能寺之变，迫使织田信长自杀。

285. 丰臣秀次（1568—1595），安土桃山时代武将。母为丰臣秀吉的姐姐日秀。1591 年成丰臣秀吉养子，为关白。秀吉之子秀赖诞生后，秀次被流放高野山，并被迫自杀。

286. 港町，以港口为中心发展交通和商业等的町。

287. 甲斐，日本古代国名，相当于今山梨县。

288. 佐渡，日本古代国名，相当于今新潟县佐渡岛。

289. 角仓了以（1554—1614），安土桃山时代到江户时代初期的富商，生于京都，本姓吉田。

290. 足利义持（1386—1428），室町幕府第四代将军。

291. 朱印船，持有丰臣秀吉及其后的德川幕府所发的海外贸易许可证的商船。主要进行东南亚贸易，1635 年开始实行锁国政策后终止。

292. 一之船入，地名，位于京都市中京区木屋町通二条下的码头遗迹。

293. 藤原惺窝（1561—1619），江户时代初期的儒学家。初为相国寺僧人，后还俗，钻研朱子学，开创京学派。欲将儒学与佛教、老庄融合。著《惺窝文集》。

294. 林罗山（1583—1657），江户时代初期的儒学家。生于京都。初入建仁寺，后随藤原惺窝学习朱子学。

295. 金座，江户幕府的金币铸造所。

296. 本阿弥光悦（1558—1637），安土桃山时代到江户时代初期的艺术家。京都人。号太虚庵。在刀剑鉴定以及书法、绘画、陶艺、漆艺等方面均有很深造诣。

297. 朝鲜之役，即文禄庆长之役，1592 年（文禄元年）至 1598 年（庆长三年）丰臣秀吉为征服大明而发动的对朝鲜的侵略战争。

298. 后阳成天皇（1571—1617），第一〇七代天皇。正亲町天皇之孙。其父诚仁亲王，母藤原晴子（新上东门院）。

299. 中院通胜（1556—1610），安土桃山时代学者，歌人。著《源氏物语》的注释书《岷江入楚》55 卷。

300. 观世大夫黑雪，即观世黑雪（1566—1626），江户时代初期的能剧艺人。第九代观世大夫。

301. 佐野绍益（1607—1691），江户时代前期的富商，歌人。以蓝染为业，家号灰屋。京都上层町众的代表人物。能茶道，通诸艺。

302. 元禄文化，指江户时代前期元禄（年号，1688—1704）前后的文化。

303. 扬屋，高级妓院。客人将高级妓女从置屋招来，在此玩乐。置屋，养育艺妓和妓女的老鸨家。

304. 游廓，指妓院红灯区。

305. 岛原之乱，1637 年到第二年，为了反抗幕府对基督徒的镇压、反抗领主的苛政，在益田四郎时贞（天草四郎）的领导下，在九州的肥前岛原、肥后天草爆发的农民大起义。

306. 弃丸，本名丰臣鹤松，丰臣秀吉的嫡子，弃丸是其幼名。

307. 上宫太子，即圣德太子，参看注 44。

308. 林道春抔，即林罗山，参看注 294。

309. 兼好法师，即吉田兼好（1283？—1352？），镰仓时代末期的官人、遁世者、歌人、散文家。日本三大随笔之一《徒然草》的作者。另有私家集《兼好法师家集》。

310. 朱晦庵，即朱熹（1130—1200）。

311. 前田利常（1593—1658），加贺藩第三代藩主。

312. 和泉，日本古代国名，相当于今大阪府南部。

313. 练贯方，大舍人方，两个以纺织为业的集团。

314. 信浓，日本古代国名，相当于今长野县全境。

315. 上方，因为京都是都城，所以江户时代把京都、大阪一带也称为上方。

316.《延喜式》，平安时代中期编纂的法令集。

317. 东海道五十三次，东海道是江户时代的五条大道之一，从江户的日本桥到京都的三条大桥有 487.8 公里，其间设有 53 个驿站。次，驿站。

318. 弥次喜多，十返舍一九作品《东海道中膝栗毛》中的人物，是弥次郎兵卫与喜多八两人的略称。

319. 歌川广重（1797—1858），江户时代后期的浮世绘画师。作品有《东海道五十三次》《名所江户百景》等。

320. 双六，又叫“双陆”，即骰子，用于博戏。

321. 上行，从地方向京城行走称作上行。

322. 十返舍一九（1765—1831），江户时代后期的戏作小说作家，画师。本名重田贞一。作品有滑稽小说《东海道中膝栗毛》等。

323. 奉行，武家政权的官职。

324. 泷泽马琴（1767—1848），江户时代后期的戏作小说作家。本名泷泽兴邦，别名曲亭马琴。作品有《南总里见八犬传》等。

325. 散所，古代到中世时期，隶属于贵族或社寺并为其提供劳动力的人们居住的地方。或指这些人本身。

326. 河原，即河边，河岸。指河边砂石较多的平地。

327. 建武，南北朝时代南朝后醍醐天皇的年号，1334—1336 年。

328. 二条河原落书，日本建武年间出现在京都二条河原的匿名讽刺文，主要针对当时社会、政治领域的乱象而作。落书，以政治讽刺为目的、写在公共场所以引人注目的文章。

329. 出云阿国，安土桃山时代的女性表演家，据传是歌舞伎的创始人。

330. 同和教育，为了消除部落歧视（对贱民等住在特定地区的人群的歧视）而进行的教育。

331. 高山彦九郎（1747—1793），江户时代后期的尊皇思想家。

332. 光明院，即光明天皇（1321—1380），南北朝时代北朝第二代天皇。后伏见天皇之子，母藤原宁子（广义门院）。1336—1348 年在位，后让位给崇光天皇，行院政。

333. 上野国，日本古代国名，相当于今群马县全境。

334. 孝明天皇（1831—1867），日本第一二一代天皇，1846—1867 年在位。明治天皇之父。

335. 毛利侯，即毛利敬亲（1819—1871），长州藩第十三代藩主。

336. 蛤御门之变，1864 年长州藩出兵京都，试图恢复前一年政变失败失去的势力，与会津、萨摩等藩的藩兵在蛤御门激战，失败而归。

337. 三长者，即角仓素庵、茶屋四郎次郎、后藤庄三郎。

338. 纪伊，日本古代国名，相当于今和歌山县全境和三重县南部。

339. 兰学，即荷兰学术，是江户时代通过荷兰语书籍文献等传入日本的欧洲学术、文化、技术的总称。由于锁国政策，日本人只能在长崎的出岛接触到被认为对日本无害的荷兰人，故而日本通过荷兰人了解欧洲，学习西方。

340. 日野富子（1440－1496），室町幕府第八代将军足利义政的正室夫人。

341. 日清战争，即中日甲午战争。

参考文献

（仅限于有关京都的学术性著作，举其要者）

战前

1.《增补京都丛书》全 17 卷，京都丛书刊行会，昭和八年

较之京童、京雀等名胜记之类，收录了京都名胜志、坊目志等京都的全地志，可根据索引检索地名。

2.《平安通志》全 60 卷 20 册，京都市参事会，明治二十八年

为纪念平安定都 1100 年而编纂，可分门别类纵观京都各类事项，第 19 册、20 册为年表。

3.《京都市史编年纲目 3 卷》地图篇，京都市，昭和十九年

为纪念京都市纪元 2600 年而编纂，未见正编刊行，编纂中断，但地图篇颇有利用价值。

4.《帝都》，喜田贞吉，大正四年、昭和十四年

非仅以京都为对象的著作，但对秦氏与平安京的建立的关系有特别精彩的记述。

5.《平安京变迁史》，藤田元春，昭和五年

由平安京的通史和古地图组成，从历史地理学的角度概观京都。

6.《京都史话》，鱼澄总五郎，昭和十一年

八章触及京都的历史和庶民的生活，一章记述京都人的特性，从中可看到作者丰富的学识。

7.《京都古习志》，井上赖寿，昭和十八年

对京都府进行了全面的调查和研究，特别是对即将消失的宫座、讲等加以记录，是宝贵的保护资料。

战后

1.《京都》，京都市编，昭和三十六年

由京都的诱惑（大佛次郎）、历史的京都（1 林屋辰三郎，2 奈良本辰也）、学问艺术之都（井岛勉）、工艺传统（吉田光邦）、漫步京都（伊吹武彦）、京都的祭祀（柴田实）等章构成，并附有大量照片。

2.《京都古迹行脚》，川胜政太郎，昭和二十二年

详细介绍散在京洛东西南北的古代美术、历史遗迹等，是亲切而准确的、具有学术性的指南。

3.《京都历史漫谈》，奈良本辰也编，昭和三十二年

河出新书历史漫谈系列之一。漫步京都，在所到之处讲述历史。不仅有对古代的留恋，还充满今人深切的关注。

4.《京城的魅力（正编、续编）》，中村直胜，昭和三十四年、三十六年

漫步神社、寺院、名胜，以作者独特的历史认识述说京都所隐藏的魅力。

照片由葛西宗诚拍摄。

5.《绿红丛书》，谈京会，昭和三十二年

乡土史家田中绿红讲述京城各町的传说和神社、寺院传统活动的见闻，收录在 50 本小册子中。

6.《史前地区及都市地区研究》，藤冈谦二郎，昭和三十年

从景观变迁史的角度论述作为史前地区的山城盆地、作为都市地区的明治以后的京都市域。

7.《日本都市生活的源流》，村山修一，昭和二十八年

用丰富的史料再现古代、中世京都的都市生活。

8.《京都史迹研究》，西田直二郎，昭和三十六年

关于曾登在《京都府史迹调查报告》中的神泉苑等京都市内外的史迹的调查研究，并附记最新的状况。

9.《京都——地理探访》，谷冈武雄编，昭和三十六年

一部清新的概述类书籍。从地理学的角度统揽京都的地质、历史、交通、产业等。

10.《京都》，本庄荣治郎，昭和三十六年

日本历史新书之一。概述近世以后鲜为人知的京都的经济史。

追录

1.《新撰京都名所图绘》，竹村俊则，昭和三十三至四十年

全七卷。介绍洛中洛外的昭和时代的名胜记。

2.《京都的历史》，京都市编，昭和四十三至五十一年

全 10 卷。新撰市史。第 10 卷为年表、便览，非常方便。

3.《京之路—— 历史与民众》，林屋、川岛、镰田，昭和四十九年

讲述“都城”的足迹、“京都”的曲折、“京洛”的杂沓、“古都”的延伸和京城町角的历史。

写在岩波新书新赤版第 1000 部出版之际

一个时代结束了——人们这样说已经很久了。但是，今后又将是怎样的时代呢？我们甚至连它的轮廓都描画不出来。从 20 世纪带来的许多课题还未能找到解决的办法，21 世纪又出现了不少新的问题。国际资本主义的渗透，连续不断的仇恨，暴力的回应——世界处于混沌和严重的不安之中。

在现代社会，变化已是常态，快而新带来绝对的价值。消费社会的深化和信息技术的革命消除了各种界限，已经彻底改变了人们的生活方式和交流方式。生活方式越来越多样化，一个人人都可以选择各自的生存方式的时代已经到来了。但同时新的不平等也产生了，各个阶层的龟裂和分化越来越严重了。人们对社会和历史的认识开始动摇，对于普遍性的理念产生根本性的怀疑，对于改变现实的无力感在悄悄蔓延。一个任何人都感觉难以生存的时代已经到来了。

然而，在日常生活的各种场合，通过争取并实践自由和民主主义来超越这种闭塞、开启一个希望的时代，也不是不可能的。为此，我们现在应该做的，就是在个人与个人之间不断地进行对话，每一个人都坚持不懈地思索：要想像真正的人一样生活，我们需要哪些条件？我们认为，只有文化修养能成为这种探索的食粮。历史是什么？怎样才能更好地生存？世界以及人类应该向何处去？——正是对这些根源性问题的不断探索造就了文化和知识的厚重，化为修养且作为基础支撑着个人和社会。诚然，岩波新书自创刊以来一直追求的，就是为修习这些文化知识指引方向。

岩波新书赤版创刊于 1938 年 11 月，中日战争已酣之际。其发刊词主张，因为忧虑日本的不遵循道义精神的行为，因为要告诫人们还欠缺批判精神和富有良心的行动，所以这套丛书将以培养现代人的现代性修养为目的。后来又出版了青版、黄版、新赤版，总计 2500 多部作品。今天我们迎来了新赤版的第 1000 部作品。以此为契机，我们将再次确认人们对理性和良知的信赖，抱着继续培育被理性和良知所验证的文化的决心，装帧新版本，踏上新的征程。我们热切希望一册册新书带来的新风能吹到尽可能多的读者身边，并能丰富人们对于充满希望的新时代的想象。

2006 年 4 月

图书在版编目（CIP）数据

京都 /（日）林屋辰三郎著 ；李濯凡译 . -- 北京 ：
新星出版社，2019.1（2025.4 重印）
ISBN 978-7-5133-3123-4

Ⅰ．①京… Ⅱ．①林… ②李… Ⅲ．①京都－地方史
Ⅳ．①K313.9

中国版本图书馆 CIP 数据核字（2018）第 154754 号

京都
[日] 林屋辰三郎 著
李濯凡 译

责任编辑 汪 欣
特约编辑 高 云
装帧设计 周伟伟
内文制作 李 娜 张顺霞
责任印制 史广宜

出　　版 新星出版社 www.newstarpress.com
出 版 人 马汝军
社　　址 北京市西城区车公庄大街丙 3 号楼 邮编 100044
电话（010）88310888 传真（010）65270449
发　　行 新经典发行有限公司
电话（010）68423599 邮箱 editor@readinglife.com
法律顾问 北京市岳成律师事务所
印　　刷 山东韵杰文化科技有限公司
开　　本 787 毫米 ×1092 毫米 1/32
印　　张 9.75
字　　数 192 千字
版　　次 2019 年 1 月第 1 版
印　　次 2025 年 4 月第 7 次印刷
书　　号 ISBN 978-7-5133-3123-4
定　　价 49.00 元

KYOTO
by Tatsusaburo Hayashiya

First published 1962 by Iwanami Shoten, Publishers, Tokyo.
This simplified Chinese edition published 2018
by ThinKingdom Media Group, Limited, Beijing
by arrangement with the proprietor c/o Iwanami Shoten, Publishers, Tokyo.

著作版权合同登记号：01-2018-6199